EXÍLIOS

JAMES JOYCE nasceu em Dublin em 2 de fevereiro de 1882. Era o mais velho dos dez filhos de uma família que, após uma breve prosperidade, caiu na pobreza. No entanto, foi educado nas melhores escolas jesuítas e mais tarde no University College de Dublin. Em 1902, depois de se formar, mudou-se para Paris, acreditando que lá pudesse estudar medicina, porém logo acabou por assistir a aulas de escrita, a escrever poemas e rascunhos e a se dedicar à elaboração de um "sistema estético". Chamado de volta a Dublin em abril de 1903, devido a uma doença fatal de sua mãe, aos poucos ele rumou para a carreira literária. No verão de 1904, conheceu uma jovem de Galway, Nora Barnacle, e a convenceu a ir com ele para o continente, onde planejava lecionar inglês. O jovem casal passou alguns meses em Pola (hoje na Croácia); depois, em 1905, mudou-se para Trieste, onde, exceto por sete meses em Roma e por três viagens a Dublin, eles viveram até junho de 1915. Tiveram dois filhos, um menino e uma menina. O primeiro livro de Joyce, os poemas de *Récita privada*, foi publicado em Londres em 1907; e *Dublinenses*, um livro de contos, em 1914. Com a entrada da Itália na Primeira Guerra Mundial, Joyce viu-se obrigado a se mudar para Zurique, onde permaneceu até 1919. Nesse período, publicou *Um retrato do artista quando jovem* (1916) e *Exílios* (1918), uma peça. Depois de um breve retorno a Trieste após o armistício, Joyce decidiu se mudar para Paris a fim de ter mais facilidade na publicação de *Ulysses*, romance em que estivera trabalhando desde 1914. O livro foi publicado no seu aniversário, em Paris, em 1922, e lhe concedeu fama internacional. No mesmo ano, começou a trabalhar em *Finnegans Wake* e, apesar de muito perturbado com problemas num olho e profundamente abalado com a doença mental de sua filha, finalizou o livro e o publicou em 1939. Depois do começo da Segunda Guerra Mundial, Joyce foi morar na França ainda não ocupada e mais tarde, em dezembro de 1940, conseguiu permissão para regressar a Zurique, onde morreu seis semanas depois, em 13 de janeiro de 1941. Foi enterrado no cemitério Fluntern.

CAETANO W. GALINDO nasceu em 1973 em Curitiba, onde mora com um piano que não toca, milhares de livros que não leu e uma esposa que não merece. Desde 1998 é professor da Universidade Federal do Paraná. Traduziu *Dublinenses, Um retrato do artista quando jovem, Finn's Hotel* e *Ulysses,* de James Joyce. Escreveu *Sim, eu digo sim,* um guia de leitura do *Ulysses,* o volume de contos *Sobre os canibais* e *Onze poemas.* É pai de sua própria Beatriz.

VITOR ALEVATO DO AMARAL é carioca e professor de literaturas de língua inglesa na Universidade Federal Fluminense, onde também atua no Programa de Pós-Graduação em Estudos de Literatura. É pesquisador da obra de James Joyce. Seu principal interesse são as traduções da obra joyciana no Brasil, estudada da perspectiva da retradução. É coordenador do grupo de pesquisa Estudos Joycianos no Brasil.

JAMES JOYCE

Exílios e poemas

Tradução de
CAETANO W. GALINDO

Notas, cronologia e sugestões de leitura de
VITOR ALEVATO DO AMARAL

COMPANHIA DAS LETRAS

Copyright © 2022 by Penguin-Companhia das Letras

Grafia atualizada segundo o Acordo Ortográfico da Língua Portuguesa de 1990, que entrou em vigor no Brasil em 2009.

Penguin and the associated logo and trade dress are registered and/or unregistered trademarks of Penguin Books Limited and/or Penguin Group (USA) Inc. Used with permission.

Published by Companhia das Letras in association with Penguin Group (USA) Inc.

TÍTULO ORIGINAL
Poems and Exiles

PREPARAÇÃO
Ciça Caropreso

REVISÃO
Marise Leal
Huendel Viana

Dados Internacionais de Catalogação na Publicação (CIP)
(Câmara Brasileira do Livro, SP, Brasil)

Joyce, James, 1882-1941.
  Exílios e poemas / James Joyce ; tradução de Caetano W. Galindo ; notas, cronologia e sugestões de leitura de Vitor Alevato do Amaral — 1ª ed. — São Paulo : Penguin-Companhia das Letras, 2022.

  Título original: Poems and Exiles
  ISBN 978-85-8285-241-5

  1. Poesia irlandesa 2. Teatro irlandês I. Amaral, Vitor Alevato do II. Título.

22-97777   CDD-ir823.2

Índice para catálogo sistemático:
1. Teatro : Literatura irlandesa ir823.2
Maria Alice Ferreira — Bibliotecária — CRB-8/7964

[2022]
Todos os direitos desta edição reservados à
EDITORA SCHWARCZ S.A.
Rua Bandeira Paulista, 702, cj. 32
04532-002 — São Paulo — SP
Telefone: (11) 3707-3500
www.penguincompanhia.com.br
www.blogdacompanhia.com.br
www.companhiadasletras.com.br

Sumário

Nota do tradutor	7
EXÍLIOS (1918)	11
Primeiro ato	15
Segundo ato	90
Terceiro ato	144
Notas preparatórias de James Joyce	185
Fragmentos de diálogos	205
Notas de *Exílios*	221
POEMAS	227
Récita privada (1907)	229
Trocados porversos (1927)	303
Ecce puer (1932)	331
Notas desta edição	335
Cronologia	355
Sugestões de leitura	363

Nota do tradutor

Quando se trata do autor do *Ulysses* — um livro que projeta sombra assim tão grande —, é muito fácil que o restante de sua produção acabe por receber menos atenção do que poderia. E se esse destino já afeta livros como *Dublinenses* e *Um retrato do artista quando jovem*, o que dizer da atividade de James Joyce em outros gêneros, como teatro e poesia?

Em 1900, aos dezoito anos, Joyce escreveu sua primeira peça de teatro. Ela se chamava *A Brilliant Career* e, depois de recusada para edição, acabou sendo destruída pelo autor em 1902. Ele só vai retornar ao gênero em 1918, com a publicação de *Exílios*. A peça, portanto, faz parte da obra publicada ainda antes do lançamento do *Ulysses*, em 1922, e tem estreitas ligações com o romance — que já vinha sendo escrito e publicado parcialmente em revistas literárias.

Não cabe tentar reduzi-la a um "estudo" para o *Ulysses*, mas fica claro que Joyce está explorando aqui (como no conto "Os mortos") alguns temas que serão de interesse para a elaboração de seu livro mais conhecido: principalmente o adultério e a ideia de que o marido possa se ver na posição de *instigador* da relação adúltera. Mas as relações entre os personagens, suas personalidades e os lugares que eles ocupam na sociedade e na vida uns dos outros não poderiam ser mais diferentes, e o enredo de *Exílios* é tudo menos uma reprodução em ponto menor da situação explorada em *Ulysses*. A peça vale pelo que é; vale como peça independente.

Nesta edição, incluímos também um conjunto de notas que Joyce elaborou durante o processo de escrita da peça e alguns fragmentos de diálogos não incluídos na versão final do texto. Mas ao tradutor cabe ainda uma pequena nota, referente ao título. Em inglês, *exiles* significa tanto "exílios" quanto "exiladas", "exilados". Cada uma dessas palavras implicaria leituras diferentes dos temas da peça. Opto aqui por aquela que, joyceanamente, me parece a mais polissêmica.

Se o drama acabou representado na obra de Joyce por apenas uma peça, a poesia é um caso diferente. Ele esteve constantemente envolvido com a escrita de versos desde a mais precoce infância. E além de um livro de juventude (*Récita privada*, 1907) e de outro mais tardio (*Trocados porversos*, 1927), Joyce fez circular de maneiras diversas um conjunto variado de poemas de ocasião, que deixou praticamente sem publicação. Aqui, reunimos sua obra oficialmente recolhida em livro, com aqueles dois volumes e o acréscimo de somente um poema esparso.

A inclusão de "Ecce puer" (1932), escrito na ocasião da morte de seu pai e do nascimento de seu neto, se justifica não apenas por se tratar talvez do poema mais conhecido de Joyce, mas também por ter sido publicado, com o autor ainda vivo, na edição de seus *Collected Poems* (1936), que continha exatamente os mesmos poemas apresentados nesta edição.

Vitor Alevato do Amaral, responsável pelas notas, cronologia e sugestões de leitura deste volume, traduziu ele mesmo os poemas da juventude e de ocasião em *Outra poesia* (editora Syrinx, 2022). As sugestões de leitura e a cronologia deste volume preocupam-se em registrar, além de marcos gerais, publicações e fatos diretamente relacio-

NOTA DO TRADUTOR

nados à poesia e ao teatro. Devo um agradecimento especial ao Vitor, pesquisador joyceano de mão-cheia, que levou este nosso livro a um nível muito mais alto.

Com este volume fica completa a publicação, nesta coleção, de toda a obra de Joyce anterior ao lançamento de seu último romance, o *Finnegans Wake*, em 1939. Muito obrigado pela leitura até aqui, mas, se você me dá licença, eu ainda tenho uma tarefa.

CWG

Exílios
(uma peça em três atos)

[*Exiles: A Play in Three Acts*, 1918]

RICHARD ROWAN, um escritor
BERTHA,
ARCHIE, filho dos dois, de oito anos,
ROBERT HAND,[1] jornalista,
BEATRICE JUSTICE, sua prima, professora de música,
BRIGID, uma velha criada da família Rowan,
UMA PEIXEIRA

Em Merrion[2] e Ranelagh,[3] subúrbios de Dublin
Verão do ano de 1912[4]

Primeiro ato

[*Sala de estar da casa de* RICHARD ROWAN *em Merrion, subúrbio de Dublin. À direita, no fundo do palco, uma lareira diante da qual há uma tela baixa. Sobre a lareira um espelho com moldura dourada. Mais ao fundo, do lado direito, uma porta sanfonada que leva para a sala e a cozinha. Na parede do fundo, à direita, uma porta pequena que leva a um escritório. À sua esquerda, um aparador. Na parede acima do aparador, o desenho emoldurado de um jovem, feito a giz de cera. Mais à esquerda, portas duplas de painéis de vidro que levam ao jardim. Na parede à esquerda, uma janela com vista para a rua. À frente, na mesma parede, uma porta que leva ao corredor e ao andar de cima da casa. Entre a janela e a porta, uma escrivaninha feminina contra a parede. Perto dela, uma cadeira de vime. No centro do cômodo, uma mesa redonda. Poltronas de veludo verde desbotado cercam a mesa. À direita, mais à frente, uma mesa menor com artigos de tabacaria. Perto dela uma cadeira estofada e uma poltrona. Um tapete de fibra de coco se estende diante da lareira, ao lado da poltrona e na frente das portas. O piso é de madeira tonalizada. A porta dupla no fundo e a porta sanfonada à direita têm cortinas de renda que estão semicerradas. O painel inferior da janela está levantado e a janela, coberta por pesadas cortinas de veludo verde. O blecaute está*

*abaixado até a borda do painel inferior. É uma tarde
agradável de junho, e o cômodo está cheio de uma doce
luz solar que vai sumindo.*]

> [BRIGID *e* BEATRICE JUSTICE *entram pela porta da es-
> querda.* BRIGID *é uma mulher de idade, compacta,
> com cabelo cinza férreo.* BEATRICE JUSTICE *é uma mo-
> rena magra de vinte e sete anos. Veste um traje azul-
> -marinho de boa alfaitaria e um chapéu preto de pa-
> lha, elegante e com uma fita simples, e carrega uma
> pequena bolsa em formato de pasta.*]

BRIGID
A patroa e o Archie estão na praia. Eles não estavam
esperando. A senhorita avisou que tinha voltado, srta.
Justice?

BEATRICE
Não. Acabei de chegar.

BRIGID
(*aponta para a cadeira estofada*) Senta, que eu vou avi-
sar pro menino que a senhorita está aqui. Ficou muito
tempo no trem?

BEATRICE
(*sentando*) Desde cedo.

BRIGID
O menino recebeu o seu postal lá da vista de Youghal.[5]
Aposto que a senhorita está cansada.

BEATRICE
Ah, não. (*tosse com certo nervosismo*) Ele estudou piano
na minha ausência?

PRIMEIRO ATO

BRIGID

(*ri calorosamente*) Se estudou? Até parece! O nosso Archie? Ele agora só quer saber é do cavalo do leiteiro. O tempo estava bom por lá, srta. Justice?

BEATRICE

Mais para úmido, eu diria.

BRIGID

(*compungida*) Olha só. E vem chuva aqui também. (*indo na direção do escritório*) Eu vou avisar pra ele que a senhorita chegou.

BEATRICE

O sr. Rowan está?

BRIGID

(*aponta*) No escritório. Está lá sofrendo com uma dessas coisas que ele escreve. Passou quase a noite toda em claro. (*saindo*) Vou chamar.

BEATRICE

Não o incomode, Brigid. Eu posso esperar eles voltarem se não for demorar.

BRIGID

E eu vi alguma coisa na caixa de correio quando fui abrir a porta pra senhorita. (*vai até a porta do escritório, que entreabre, e anuncia*) Seu Richard, a srta. Justice chegou pra aula do Archie.

[RICHARD ROWAN *entra pela porta do escritório e vai na direção de* BEATRICE, *estendendo a mão. É um homem alto e atlético, com uma postura um tanto preguiçosa. Tem cabelo e bigode castanho-claros e usa óculos. Veste um terno frouxo de um tweed cinza-claro.*]

RICHARD
Bem-vinda.

BEATRICE
(*levanta-se e aperta a mão dele, corando levemente*) Boa tarde, sr. Rowan. Eu não queria que a Brigid fosse incomodar o senhor.

RICHARD
Mas que incômodo o quê! Ora veja!

BRIGID
Tem alguma coisa na caixa de correio, senhor.

RICHARD
(*tira um pequeno molho de chaves do bolso e entrega a ela*) Pronto.

> [BRIGID *sai pela porta da esquerda e os ruídos que chegam indicam que ela abriu e fechou a caixa de correio. Pausa breve. Volta com dois jornais nas mãos.*]

RICHARD
Cartas?

BRIGID
Não, senhor. Só esses jornais da Itália.[6]

RICHARD
Pode deixar na minha mesa, por favor.

> [BRIGID *lhe devolve as chaves, deixa os jornais no escritório, entra de novo e sai pela porta sanfonada da direita.*]

PRIMEIRO ATO

RICHARD
Por favor, sente. Bertha volta logo.

[BEATRICE *senta novamente na cadeira estofada.* RICHARD *senta junto da mesa.*]

RICHARD
Eu já estava achando que você não ia voltar mais. Já faz doze dias que você esteve aqui.

BEATRICE
Eu também pensei nisso. Mas vim.

RICHARD
Você pensou naquilo que eu te disse na última vez?

BEATRICE
Muito.

RICHARD
Você deve ter percebido antes. Não percebeu? (*ela não responde*) Acha que a culpa é minha?

BEATRICE
Não.

RICHARD
Você acha que eu agi... mal com você? Não? Ou com outra pessoa?

BEATRICE
(*olha para ele com uma expressão triste e intrigada*) Eu me fiz essa pergunta.

RICHARD
E a resposta?

BEATRICE
Não consegui responder.

RICHARD
Se eu fosse pintor[7] e te contasse que tinha um caderno com retratos seus, você não ia achar tão estranho, não é verdade?

BEATRICE
Não é exatamente a mesma coisa, é?

RICHARD
(*com um sorriso ligeiro*) Não exatamente. Eu também disse que não ia te mostrar o que escrevi, a não ser que você pedisse para ver. E então?

BEATRICE
Eu não vou pedir.

RICHARD
(*inclina-se para a frente, apoiando os cotovelos nos joelhos, mãos juntas*) Você ia gostar de ver?

BEATRICE
Muito.

RICHARD
Porque é sobre você?

BEATRICE
Sim. Mas não só por isso.

RICHARD
Porque fui eu que escrevi? É isso? Mesmo que o que você encontrasse fosse às vezes cruel?

PRIMEIRO ATO

BEATRICE
(*tímida*) Isso também faz parte da sua mente.

RICHARD
Então é a minha mente que te atrai? É isso?

BEATRICE
(*hesitante, lança-lhe um breve olhar*) Por que você acha que eu venho aqui?

RICHARD
Por quê? Muitos motivos. Para dar aulas ao Archie. Nós nos conhecemos há tantos anos, desde crianças, você, o Robert e eu — não é verdade? Você sempre se interessou por mim. Antes de eu ir embora e enquanto estive longe. E aí as nossas cartas. Sobre o meu livro. Agora ele está publicado. E mais uma vez eu estou aqui. Talvez você sinta que alguma coisa nova está tomando forma no meu cérebro. Talvez sinta que eu devia conhecer essa coisa nova. É esse o motivo?

BEATRICE
Não.

RICHARD
Então por quê?

BEATRICE
É a única maneira de te ver.

[*Ela olha para ele por um instante e depois desvia rápido o rosto.*]

RICHARD
(*depois de uma pausa, repete com ar de incerteza*) É a única maneira de você me ver?

BEATRICE
(*subitamente confusa*) Melhor eu ir embora. Eles não vão voltar. (*levantando-se*) Sr. Rowan, eu preciso ir embora.

RICHARD
(*estendendo os braços*) Mas você está fugindo! Fique. Me explique o sentido dessas palavras. Você tem medo de mim?

BEATRICE
(*deixa-se cair novamente*) Medo? Não.

RICHARD
Você confia em mim? Sente que me conhece?

BEATRICE
(*de novo timidamente*) É difícil conhecer os outros.

RICHARD
Difícil me conhecer? Eu te mandei de Roma os capítulos do meu livro à medida que eu ia escrevendo, e cartas. Por longos nove anos. Bom, oito anos.

BEATRICE
Sim, levou quase um ano para a sua primeira carta chegar.

RICHARD
Você respondeu imediatamente. E dali em diante acompanhou a minha luta. (*junta as mãos de maneira sincera*) Me diga, srta. Justice, você sentiu que o que estava lendo era escrito para os seus olhos? Ou que você me inspirava?

BEATRICE
(*balança a cabeça*) Eu não preciso responder isso.

RICHARD
E então?

BEATRICE
(*fica um momento em silêncio*) Eu não posso dizer. Você precisa me perguntar, sr. Rowan.

RICHARD
(*com alguma veemência*) Então, que eu expressei naqueles capítulos e naquelas cartas e no meu caráter e na minha vida também algo da sua alma que você não conseguia expressar — orgulho ou desdém?

BEATRICE
Não conseguia?

RICHARD
(*inclina-se na direção dela*) Não conseguia porque não ousava. É esse o motivo?

BEATRICE
(*curva a cabeça*) Sim.

RICHARD
Por causa dos outros ou por falta de coragem — qual dos dois?

BEATRICE
(*baixinho*) Coragem.

RICHARD
(*lentamente*) E assim você me seguiu, com orgulho e também desprezo no coração?

BEATRICE
E solidão.

[*Ela apoia a cabeça na mão, desviando o rosto.* RICHARD *se levanta e caminha lentamente até a janela que fica à esquerda. Olha para fora por alguns instantes, depois vai até Beatrice, até a poltrona e senta perto dela.*]

RICHARD
Você ainda me ama?

BEATRICE
Eu nem sei mais.

RICHARD
Era isso que me deixava tão reservado com você — naquela época —, apesar de sentir o seu interesse por mim, apesar de sentir que eu também fui alguma coisa na sua vida.

BEATRICE
Você foi.

RICHARD
Vocês me separaram de vocês. Eu era uma terceira pessoa, era o que eu sentia. Os nomes de vocês apareciam sempre juntos, Robert e Beatrice, desde que consigo lembrar. Para mim e para todo mundo parecia que...

BEATRICE
Nós somos primos. Não é estranho que estivéssemos juntos muitas vezes.

RICHARD
Ele me contou do noivado secreto de vocês. Ele não tinha segredos para mim. Imagino que você saiba disso.

BEATRICE
(*desconfortável*) O que aconteceu — entre nós — faz tanto tempo. Eu era criança.

RICHARD
(*sorri com malícia*) Criança? Certeza? Foi no jardim da casa da mãe dele. Não é? (*aponta para o jardim*) Bem ali. Vocês se comprometeram, como se diz, com um beijo. E você lhe deu a liga da sua meia. É permitido mencionar esse detalhe?

BEATRICE
(*com certa reserva*) Se você acha que vale a pena.

RICHARD
Acho que você não se esqueceu disso. (*juntando as mãos em silêncio*) Eu não entendo. Também achei que depois que eu fosse embora... A minha partida te fez sofrer?

BEATRICE
Eu sempre soube que um dia você iria embora. Eu não sofri. Apenas mudei.

RICHARD
Com ele?

BEATRICE
Tudo mudou. A vida dele, até a cabeça dele pareceu diferente depois daquilo.

RICHARD
(*refletindo*) Sim. Eu vi que você tinha mudado quando recebi a sua primeira carta depois de um ano; depois da sua doença também. Você até dizia isso na carta.

BEATRICE
Eu quase morri. Comecei a ver as coisas de outra maneira.

RICHARD
E aos poucos surgiu uma certa frieza entre vocês. Foi isso?

BEATRICE

(*semicerrando os olhos*) Não. Não imediatamente. Eu via nele um reflexo pálido de você. Depois isso também se apagou. Falar disso agora serve para quê?

RICHARD

(*com energia contida*) Mas o que é isso que parece pender sobre você? Não pode ser tão trágico assim.

BEATRICE

(*calma*) Ah, nem um pouco trágico. Devo ir melhorando aos poucos, pelo que me dizem, à medida que for envelhecendo. Como eu não morri naquela época, dizem que provavelmente não vou morrer agora. Recebi de novo a vida e a saúde — bem quando não posso mais usar. (*calma e amarga*) Estou convalescendo.

RICHARD

(*delicadamente*) Então nada na sua vida te dá paz? Ela deve existir em algum lugar para você.

BEATRICE

Se na nossa religião tivesse conventos,[8] quem sabe lá. Pelo menos é o que eu penso às vezes.

RICHARD

(*balança a cabeça*) Não, srta. Justice, nem lá. A senhorita não ia conseguir se entregar plena e voluntariamente.

BEATRICE

(*olhando para ele*) Eu ia tentar.

RICHARD

Ia, sim. Você se sentia atraída por ele como a sua mente se sentia atraída pela minha. Você não se entregou de verdade a ele. Nem a mim, ainda que isso tenha acontecido

PRIMEIRO ATO

de outra maneira. Você não consegue se entregar plena e voluntariamente.

BEATRICE
(*junta as mãos delicadamente*) É algo difícil demais, sr. Rowan, se entregar plena e voluntariamente e ser feliz.

RICHARD
Mas você sente que a felicidade é o melhor, o maior que se pode ter?

BEATRICE
(*fervorosamente*) Queria poder sentir.

RICHARD
(*reclina-se, as mãos trançadas atrás da cabeça*) Ah, se você soubesse como estou sofrendo neste momento! Pela sua situação também. Mas sofrendo acima de tudo pela minha. (*com um vigor amargurado*) E como rezo para receber de novo a dureza de coração da minha falecida mãe![9] Porque alguma ajuda, dentro ou fora de mim, eu tenho que encontrar. E vou encontrar.

[BEATRICE *se levanta, olha atenta para ele e vai na direção da porta do jardim. Dá meia-volta, indecisa, olha novamente para ele e, voltando, apoia-se na cadeira estofada.*]

BEATRICE
(*baixo*) Ela pediu para ver você antes de morrer, sr. Rowan?

RICHARD
(*alheado*) Quem?

BEATRICE
Sua mãe.

RICHARD
(*caindo em si, olha concentradamente para ela por um momento*) Então isso, também, foi o que meus amigos disseram de mim por aqui — que ela pediu para me ver e eu não vim?

BEATRICE
Sim.

RICHARD
(*com frieza*) Ela não pediu. Morreu sozinha, sem ter me perdoado, e fortalecida pelos ritos da santa Igreja.

BEATRICE
Sr. Rowan, por que falar comigo dessa maneira?

RICHARD
(*levanta-se e caminha nervoso de um lado para outro*) E esse meu sofrimento de agora, você vai dizer que é o meu castigo.

BEATRICE
Ela lhe escreveu? Antes, quero dizer...

RICHARD
(*detendo-se*) Sim. Um aviso, pedindo que eu rompesse com o passado e lembrasse as últimas palavras que ela me disse.

BEATRICE
(*delicadamente*) E a morte não o comove, sr. Rowan? É um fim. Tudo mais é tão incerto!

RICHARD
Enquanto estava viva, ela se afastou de mim e dos meus. Isso não se pode negar.

PRIMEIRO ATO

BEATRICE
De você e de...?

RICHARD
De Bertha, de mim e do nosso filho. Então fiquei esperando pelo fim, como você disse; e ele veio.

BEATRICE
(*tapa o rosto com as mãos*) Ah, não. Não pode ser.

RICHARD
(*enfurecido*) Como é que as minhas palavras podem ferir o corpo dela, que está apodrecendo no túmulo? Você acha que eu não sinto pena do amor frio e seco que ela me devotava? Enquanto ela estava viva lutei com todas as forças contra o seu espírito. (*põe a mão na testa*) Ele ainda me enfrenta — aqui.

BEATRICE
(*como antes*) Ah, não fale assim.

RICHARD
Ela me afastou. Por causa dela vivi anos no exílio, e na pobreza também, ou perto disso. Nunca aceitei as doações que ela me enviava pelo banco. Eu também esperei. Não que ela morresse, mas que mostrasse alguma compreensão por mim, seu filho, carne e sangue dela mesma. Isso nunca veio.

BEATRICE
Nem depois do Archie...?

RICHARD
(*ríspido*) O meu filho, você acha? Fruto do pecado e da vergonha! Está falando sério? (*ela levanta o rosto e olha para ele*) Este lugar estava cheio de línguas preparadas para con-

tar tudo a ela, para azedar ainda mais aquela mente ferina contra mim e contra Bertha e o nosso filho sem nome e sem deus. (*estendendo as mãos para ela*) Consegue ouvi-la rindo de mim enquanto falo? Com certeza você reconhece a voz, a voz que te chamava de protestante infame, de filha do pervertido. (*com repentino autocontrole*) Uma mulher impressionante, de qualquer maneira.

BEATRICE
(*sem vigor*) Pelo menos você está livre agora.

RICHARD
(*concorda com a cabeça*) Sim, ela não pôde nem alterar o testamento do meu pai nem viver para sempre.

BEATRICE
(*de mãos postas*) Os dois já se foram, sr. Rowan. Os dois o amavam, acredite em mim. Morreram pensando em você.

RICHARD
(*chegando mais perto, toca levemente o ombro dela e aponta para o desenho feito a giz de cera, pendurado na parede*) Está vendo ele ali, sorridente e elegante? Morreu pensando em mim! Eu lembro da noite em que ele morreu. (*detém-se por um instante e depois prossegue com calma*) Eu era um garoto de catorze anos. Ele me chamou à cabeceira de sua cama. Sabia que eu queria ir ao teatro ver *Carmen*.[10] Disse para a minha mãe me dar um xelim.[11] Eu dei um beijo nele e fui. Quando voltei para casa ele estava morto. Até onde eu soube, seu último pensamento foi esse.

BEATRICE
A dureza de coração que você pediu nas suas preces... (*ela se interrompe*)

PRIMEIRO ATO

RICHARD
(*sem dar por isso*) É minha última lembrança dele. Não tem algo de doce e nobre nela?

BEATRICE
Sr. Rowan, algo está na sua cabeça para você falar dessa maneira. Algo mudou desde que vocês voltaram há três meses.

RICHARD
(*de novo olhando o desenho, com calma, quase com alegria*) Ele vai me ajudar, talvez, meu belo pai sorridente.

[*Ouve-se uma batida na porta da esquerda.*]

RICHARD
(*de repente*) Não, não. Não o todo-sorrisos, srta. Justice. A velha mãe. É do espírito dela que eu preciso. Eu vou sair.

BEATRICE
Alguém bateu. Eles voltaram.

RICHARD
Não, Bertha tem a chave. É ele. Enfim, eu vou indo, seja lá quem for.

[*Ele sai depressa pela esquerda e volta imediatamente com um chapéu de palha na mão.*]

BEATRICE
Ele? Quem?

RICHARD
Ah, provavelmente Robert. Vou sair pelo jardim. Não posso falar com ele agora. Diga que fui até o correio. Adeus.

BEATRICE
(*cada vez mais alarmada*) É o Robert que você não quer ver?

RICHARD
(*baixo*) Neste momento, sim. Essa conversa me deixou transtornado. Peça que ele espere.

BEATRICE
Você vai voltar?

RICHARD
Queira Deus.

[*Ele sai rapidamente pelo jardim.* BEATRICE *ameaça segui-lo, mas se detém depois de alguns passos.* BRIGID *entra pela porta sanfonada da direita e sai pela da esquerda. Ouve-se a porta do saguão sendo aberta. Segundos depois* BRIGID *entra com* ROBERT HAND.

ROBERT HAND *é um homem de estatura mediana, um tanto roliço, de seus trinta e poucos anos. Rosto barbeado, feições instáveis. Seu cabelo e seus olhos são escuros e sua pele, pálida. Seu caminhar e sua fala são lentos. Veste um terno matinal azul-escuro e tem na mão um grande buquê de rosas vermelhas, embrulhado em papel de seda.*]

ROBERT
(*vindo na direção dela com uma mão estendida, que ela pega*) Prima querida! A Brigid me disse que você estava aqui. Eu nem fazia ideia. Mandou um telegrama para a mãe?

BEATRICE
(*olhando para as rosas*) Não.

PRIMEIRO ATO 33

ROBERT
(*acompanhando seu olhar*) Você está admirando as minhas rosas. Eu trouxe para a dona da casa. (*criticamente*) Infelizmente não estão muito boas.

BRIGID
Mas elas estão lindas, senhor. A patroa vai ficar encantada.

ROBERT
(*larga as rosas descuidadamente numa cadeira, onde ficam invisíveis*) Não tem ninguém em casa?

BRIGID
Não, senhor. Senta, senhor. Eles já devem estar chegando. O patrão estava aqui.

[*Ela olha em volta e, com meia reverência, sai pela direita.*]

ROBERT
(*depois de um breve silêncio*) Como você está, Beatty? E como está todo mundo lá em Youghal? A mesma chatice de sempre?

BEATRICE
Estava todo mundo bem quando eu vim.

ROBERT
(*educadamente*) Ah, mas que pena eu não saber que você estava vindo. Podia ter ido te esperar na estação. Por que você fez isso? Você é um pouco estranha, Beatty, não é verdade?

BEATRICE
(*no mesmo tom de voz*) Obrigada, Robert. Eu estou mais do que acostumada a me deslocar sozinha.

ROBERT
Sim, mas eu estava falando... Ah, enfim, foi uma chegada bem ao seu estilo.

[*Ouve-se um ruído à janela e a voz de um menino que grita: "Sr. Hand!".* ROBERT *se vira.*]

ROBERT
Santo Deus, o Archie também está chegando bem ao seu estilo!

[*Pela janela da esquerda,* ARCHIE *pula afoitamente para dentro do cômodo, depois se põe de pé, corado e sem fôlego.*

ARCHIE *é um menino de oito anos, veste uma calça curta branca, um suéter e um boné. Usa óculos, tem modos animados e fala com um levíssimo sotaque estrangeiro.*]

BEATRICE
(*indo até ele*) Jesus amado, Archie! O que foi?

ARCHIE
(*pondo-se de pé, sem fôlego*) Nossa! Eu corri a avenida inteira.

ROBERT
(*sorri e lhe estende a mão*) Boa tarde, Archie. E correu por quê?

ARCHIE
(*aperta a mão dele*) Boa tarde. A gente viu o senhor em cima do bonde, e eu gritei *sr. Hand!* Mas o senhor não me viu. Mas a gente viu o senhor, a mamãe e eu. Ela já está chegando. Eu corri.

BEATRICE
(*estendendo a mão para ele*) E a coitadinha aqui!

ARCHIE
(*aperta a mão dela um pouco tímido*) Boa tarde, srta. Justice.

BEATRICE
Você ficou triste de eu não ter vindo para a aula de sexta passada?

ARCHIE
(*olha rapidamente para ela, sorri*) Não.

BEATRICE
Contente?

ARCHIE
(*de repente*) Mas hoje está tarde demais.

BEATRICE
Uma aula bem curtinha?

ARCHIE
(*satisfeito*) Isso.

BEATRICE
Mas agora você tem que estudar, Archie.

ROBERT
Vocês estavam na praia?

ARCHIE
Isso.

ROBERT
E você já está nadando bem?

ARCHIE
(*encosta-se na escrivaninha*) Não. A mamãe não me deixa entrar na parte funda. O senhor nada bem, sr. Hand?

ROBERT
Maravilhosamente bem. Igual a uma pedra.

ARCHIE
(*ri*) Igual a uma pedra! (*apontando para baixo*) Desse jeito?

ROBERT
(*apontando*) Sim, para baixo; direto. Como é que se diz isso lá na Itália?

ARCHIE
Isso? *Giù*. (*apontando para baixo e para cima*) Isso é *giù* e isso é *sù*. O senhor quer falar com o meu papai?

ROBERT
Sim. Eu vim falar com ele.

ARCHIE
(*indo até o escritório*) Eu vou dizer pra ele. Ele está aqui, escrevendo.

BEATRICE
(*calma, olhando para* ROBERT) Não; ele saiu. Foi pôr umas cartas no correio.

ROBERT
(*jovial*) Ah, não faz mal. Se ele só foi até o correio, eu espero.

ARCHIE
Mas a mamãe está chegando. (*olha para a janela*) Olha ela!

PRIMEIRO ATO

[ARCHIE *sai correndo pela porta da esquerda.* BEA-
TRICE *vai lentamente até a escrivaninha.* ROBERT *fica
parado. Um breve silêncio.* ARCHIE *e* BERTHA *entram
pela porta da esquerda.*

BERTHA *é uma jovem de porte gracioso. Tem olhos
cinza-escuros, de expressão paciente e traços delicados.
Sua atitude é cordial e segura. Usa um vestido cor de
lavanda e traz as luvas cor de creme atadas ao cabo da
sombrinha.*]

BERTHA
(*trocando um aperto de mãos com ela*) Boa tarde, srta.
Justice. Nós achávamos que a senhorita ainda estava lá
em Youghal.

BEATRICE
(*trocando um aperto de mãos com ela*) Boa tarde, sra.
Rowan.

BERTHA
(*faz uma reverência*) Boa tarde, sr. Hand.

ROBERT
(*faz uma reverência*) Boa tarde, *signora*! Veja que coisa,
eu também só soube que ela tinha voltado quando dei
com ela aqui.

BERTHA
(*para os dois*) Vocês não vieram juntos?

BEATRICE
Não. Eu cheguei antes. O sr. Rowan estava de saída. Ele
disse que voltava logo.

BERTHA
Sinto muito. Se a senhorita tivesse escrito ou mandado a
menina com um recado hoje cedo...

BEATRICE

(*ri nervosa*) Eu cheguei só faz uma hora e meia. Pensei em mandar um telegrama, mas me pareceu trágico demais.

BERTHA

Ah? Só agora é que a senhorita chegou?

ROBERT

(*abrindo os braços, brincalhão*) Estou me aposentando das vidas pública e privada. Primo dela e jornalista, não sei nada dos movimentos dessa moça.

BEATRICE

(*não diretamente para ele*) Meus movimentos não são tão interessantes assim.

ROBERT

(*no mesmo tom de voz*) Os movimentos de uma dama são sempre interessantes.

BERTHA

Mas sente, por favor. Você deve estar muito cansada.

BEATRICE

(*rápido*) Não, não mesmo. Eu vim só por causa da aula do Archie.

BERTHA

Mas nem pensar numa coisa dessa, srta. Justice, depois de uma viagem tão longa.

ARCHIE

(*de repente, para* BEATRICE) E além disso a senhorita nem trouxe as partituras.

PRIMEIRO ATO   39

BEATRICE
(*um pouco desorientada*) Isso eu esqueci mesmo. Mas nós
temos a peça antiga.

ROBERT
(*beliscando a orelha de* ARCHIE) Seu safado. Você quer é
escapar da aula.

BERTHA
Ah, deixem a aula para lá. A senhorita tem que sentar e
tomar uma xícara de chá agora. (*indo até a porta da direi-
ta*) Vou avisar a Brigid.

ARCHIE
Deixa que eu vou, mamãe. (*esboça o gesto de ir até lá*)

BEATRICE
Não, por favor, sra. Rowan. Archie! Eu realmente prefiro...

ROBERT
(*baixo*) Sugiro um meio-termo. Que seja meia aula.

BERTHA
Mas ela deve estar exausta.

BEATRICE
(*rápido*) Nem um pouco. No trem eu já vim pensando na
aula.

ROBERT
(*para* BERTHA) Está vendo o que é ter consciência, sra.
Rowan?

ARCHIE
Na minha aula, srta. Justice?

BEATRICE
(*candidamente*) Faz dez dias que eu não ouço um piano.

BERTHA
Ah, pois muito bem. Não seja por isso...

ROBERT
(*nervoso, alegre*) Então que venha o piano. Eu sei que som está na cabeça da Beatty no momento. (*para* BEATRICE) Conto?

BEATRICE
Se você souber.

ROBERT
O zumbido do harmônio na sala da casa do pai dela. (*para* BEATRICE) Admita.

BEATRICE
(*sorrindo*) Sim. Eu ainda estou ouvindo.

ROBERT
(*sombrio*) Eu também. A voz asmática do protestantismo.

BERTHA
Divertiu-se por lá, srta. Justice?

ROBERT
(*intervém*) Ela não se divertiu, sra. Rowan. Ela vai para lá como para um retiro, quando a veia protestante fala mais alto — escuridão, seriedade, retidão moral.

BEATRICE
Vou para ver o meu pai.

PRIMEIRO ATO

ROBERT
(*continuando*) Mas ela volta para cá, para a minha mãe,
sabe? A influência do piano vem do nosso lado da família.

BERTHA
(*hesitando*) Bom, srta. Justice, se quiser tocar alguma coi-
sa... Mas por favor não se canse com o Archie.

ROBERT
(*suave*) Anda, Beatty. É o que você quer.

BEATRICE
Se o Archie vier comigo?

ARCHIE
(*dando de ombros*) Para escutar.

BEATRICE
(*pega a mão dele*) E para uma aulinha também. Bem curta.

BERTHA
Bom, mas depois a senhorita não escapa do chá.

BEATRICE
(*para* ARCHIE) Venha.

> [BEATRICE *e* ARCHIE *saem juntos pela porta da esquer-
> da.* BERTHA *vai até a escrivaninha, tira o chapéu e o
> coloca com a sombrinha em cima da mesa. Depois,
> tirando uma chave de dentro de um pequeno vaso de
> flores, abre uma gaveta da escrivaninha, tira um pe-
> daço de papel e fecha a gaveta.* ROBERT *fica olhando.*]

BERTHA
(*indo até ele com o papel na mão*) Você pôs isto aqui na
minha mão ontem à noite. O que isso quer dizer?

ROBERT
Você não sabe?

BERTHA
(*lê*) *Há uma palavra que jamais ousei te dizer.* Qual é a palavra?

ROBERT
Que eu tenho uma profunda estima por você.

[*Breve pausa. Ouve-se vagamente o piano no andar de cima.*]

ROBERT
(*pega o buquê de rosas na cadeira*) Comprei para você. Você aceita, vindo de mim?

BERTHA
(*aceitando as flores*) Obrigada. (*larga as flores na mesa e novamente desdobra o papel*) Por que você não ousou dizer tudo isso ontem à noite?

ROBERT
Eu não consegui falar com você nem seguir você. Era gente demais no jardim. Queria que pensasse no assunto, então pus o bilhete na sua mão quando vocês estavam se despedindo.

BERTHA
Agora você ousou dizer.

ROBERT
(*passa a mão pelos olhos devagar*) Você passou. A avenida estava coberta pela luz do crepúsculo. Dava para eu ver o conjunto verde das árvores. E você passou por elas. Você era como a lua.

PRIMEIRO ATO

BERTHA
(*ri*) Por que como a lua?

ROBERT
Com aquele vestido, com esse corpo delgado, caminhando com passinhos regulares. Fiquei vendo a lua passar no crepúsculo até você passar e sair do meu campo de visão.

BERTHA
Você pensou em mim ontem à noite?

ROBERT
(*chega mais perto*) Eu sempre penso em você — como algo belo e distante: a lua ou alguma música profunda.

BERTHA
(*sorrindo*) E qual delas eu era ontem à noite?

ROBERT
Fiquei acordado metade da noite. Podia ouvir a sua voz. Podia ver o seu rosto no escuro. Os seus olhos... Eu quero falar com você. Você vai me ouvir? Posso falar?

BERTHA
(*sentando*) Pode.

ROBERT
(*sentando ao lado dela*) Você está irritada comigo?

BERTHA
Não.

ROBERT
Achei que estivesse. Você largou tão rápido as minhas flores.

BERTHA

(*pega as flores na mesa e as segura junto ao rosto*) É isso que você quer que eu faça com elas?

ROBERT

(*olhando para ela*) O seu rosto também é uma flor... só que mais bonita. Uma flor selvagem que se abre num arbusto. (*levando a cadeira para mais perto dela*) Por que você está sorrindo? Das minhas palavras?

BERTHA

(*deitando as flores no colo*) Estou pensando se é isso que você diz... às outras.

ROBERT

(*surpreso*) Que outras?

BERTHA

As outras mulheres. Dizem que você tem tantas admiradoras.

ROBERT

(*de repente, sem se controlar*) E é por isso que você também...?

BERTHA

Mas tem, não é verdade?

ROBERT

Amigas, sim.

BERTHA

Você fala com elas desse jeito?

ROBERT

(*num tom ofendido*) Como você pode me perguntar uma

PRIMEIRO ATO

coisa dessa? Que tipo de pessoa você acha que eu sou? Ou por que você me dá ouvidos? Não gostou de eu falar com você dessa maneira?

BERTHA
O que você disse foi muito gentil. (*olha para ele por um momento*) Obrigada por dizer aquilo... e pensar aquilo.

ROBERT
(*inclinando-se para ela*) Bertha!

BERTHA
Sim?

ROBERT
Eu tenho direito de te chamar pelo nome. Pelos velhos tempos... nove anos atrás. Nós éramos Bertha e Robert naqueles dias. Não podemos ser assim também agora?

BERTHA
(*sem vacilar*) Ah, sim. Por que não?

ROBERT
Bertha, você sabia. Desde a noite em que vocês atracaram no porto de Kingstown.[12] Tudo voltou para mim. E você sabia. Você enxergou.

BERTHA
Não. Não naquela noite.

ROBERT
Quando?

BERTHA
Na noite em que chegamos eu estava muito cansada, muito suja. (*balançando a cabeça*) Naquela noite eu não enxerguei isso em você.

ROBERT

(*sorrindo*) Me diga o que você viu naquela noite — a sua primeiríssima impressão.

BERTHA

(*franzindo as sobrancelhas*) Você estava parado, de costas para o passadiço, conversando com duas mulheres.

ROBERT

Duas senhoras de meia-idade nada atraentes, isso mesmo.

BERTHA

Eu te reconheci imediatamente. E vi que você tinha engordado.

ROBERT

(*segura a mão dela*) E desse coitado desse Robert mais gordo — você gosta assim tão pouco dele? Desconfia de tudo que ele diz?

BERTHA

Eu acho que os homens falam desse jeito com todas as mulheres que admiram. Em que você quer que eu acredite?

ROBERT

Todos os homens, Bertha?

BERTHA

(*com súbita tristeza*) Acho que sim.

ROBERT

Eu também?

BERTHA

Sim, Robert. Acho que você também.

PRIMEIRO ATO

ROBERT
Todos então, sem exceção? Ou com uma única exceção? (*em tom mais baixo*) Ou ele também é — Richard também — como todos nós pelo menos nisso? Ou é diferente?

BERTHA
(*olha nos olhos dele*) Diferente.

ROBERT
Você tem mesmo certeza, Bertha?

BERTHA
(*um pouco confusa, tenta tirar a mão da dele*) Eu já respondi.

ROBERT
(*afetuosamente*) Bertha, posso beijar a sua mão? Permita. Posso?

BERTHA
Se você quiser.

[*Ele leva a mão dela lentamente aos lábios. Ela se levanta de repente e fica ouvindo.*]

BERTHA
Ouviu o portão do jardim?

ROBERT
(*levantando-se também*) Não.

[*Breve pausa. Ouve-se vagamente o piano no andar de cima.*]

ROBERT
(*suplicando*) Não vá embora. Você não pode mais ir em-

bora. A sua vida está aqui. Foi também por isso que eu vim hoje — para falar com ele e insistir para ele aceitar esse emprego. Ele precisa aceitar. E você precisa convencê-lo a aceitar. Você tem muita influência sobre ele.

BERTHA
Você quer que ele fique aqui.

ROBERT
Sim.

BERTHA
Por quê?

ROBERT
Por você, porque você não é feliz tão longe daqui. Por ele também, porque ele devia pensar no futuro.

BERTHA
(*rindo*) Lembra o que ele disse quando vocês conversaram ontem à noite?

ROBERT
Sobre...? (*refletindo*) Sim. Ele citou o pai-nosso para falar do pão nosso de cada dia. Disse que cuidar do futuro é destruir a esperança e o amor do mundo.

BERTHA
Você não acha que ele é estranho?

ROBERT
No que se refere a isso, sim.

BERTHA
Um tanto... louco?

PRIMEIRO ATO

ROBERT
(*chega mais perto*) Não. Ele não é louco. Talvez nós sejamos. Por quê? Você acha...?

BERTHA
(*ri*) Eu te perguntei porque você é inteligente.

ROBERT
Você não pode ir embora. Eu não vou permitir.

BERTHA
(*olha em cheio para ele*) Você?

ROBERT
Esses olhos não podem ir embora. (*segura as mãos dela*) Posso beijar seus olhos?

BERTHA
Beije.

> [*Ele beija os olhos dela e depois passa a mão no próprio cabelo.*]

ROBERT
Minha pequena Bertha!

BERTHA
(*sorrindo*) Mas eu não sou tão pequena. Por que você me chama de pequena?

ROBERT
Pequena Bertha! Um abraço? (*passa um braço em torno dela*) Olhe de novo nos meus olhos.

BERTHA
(*olhando nos olhos dele*) Eu vejo pontinhos dourados. Você tem tantos...

ROBERT
(*encantado*) A sua voz! Me dê um beijo, um beijo da sua boca.

BERTHA
Roube.

ROBERT
Tenho medo. (*beija-a e passa a mão muitas vezes no cabelo dela*) Finalmente! Finalmente você está nos meus braços!

BERTHA
E você está satisfeito?

ROBERT
Deixe eu sentir os seus lábios nos meus.

BERTHA
E aí você vai ficar satisfeito?

ROBERT
(*murmura*) Os seus lábios, Bertha!

BERTHA
(*fecha os olhos e lhe dá um beijo rápido*) Pronto. (*põe as mãos nos ombros dele*) Por que você não diz: obrigado?

ROBERT
(*suspira*) Minha vida acabou — está acabada.

BERTHA
Ah, não fale desse jeito, Robert.

ROBERT
Acabada, acabada. Quero pôr fim nela de uma vez.

PRIMEIRO ATO

BERTHA
(*preocupada, mas não muito*) Seu bobo!

ROBERT
(*com um abraço forte*) Acabar com tudo — a morte. Cair de um grande penhasco alto, lá embaixo, bem no fundo do mar.

BERTHA
Por favor, Robert...

ROBERT
Ouvindo música e nos braços da mulher que amo — o mar, música e morte.

BERTHA
(*olha para ele por um momento*) A mulher que você ama?

ROBERT
(*apressadamente*) Eu quero falar com você, Bertha, sozinho, não aqui. Você viria?

BERTHA
(*com os olhos no chão*) Eu também quero conversar com você.

ROBERT
(*com ternura*) Sim, querida, eu sei. (*dá mais um beijo nela*) Vou conversar com você, te dizer tudo. E te beijar, beijos longos, longos — quando você vier a mim —, beijos muito longos e doces.

BERTHA
Onde?

ROBERT
(*em tom apaixonado*) Nos olhos. Nos lábios. Em todo o seu corpo divino.

BERTHA
(*recusando o abraço dele, confusa*) Eu queria saber aonde você quer que eu vá.

ROBERT
À minha casa. Não a da minha mãe aqui ao lado. Eu te dou o endereço. Você vai?

BERTHA
Quando?

ROBERT
Hoje à noite. Entre as oito e as nove. Vá. Vou te esperar esta noite. E todas as noites. Você vai?

[*Ele a beija apaixonadamente, segurando-lhe cabeça entre as mãos. Depois de alguns instantes ela se liberta. Ele senta.*]

BERTHA
(*ouvindo*) O portão abriu.

ROBERT
(*intensamente*) Eu vou te esperar.

[*Ele pega um papelzinho na mesa.* BERTHA *se afasta lentamente dele.* RICHARD *entra pelo jardim.*]

RICHARD
(*entrando, tira o chapéu*) Boa tarde!

ROBERT
(*levanta-se, num gesto amistoso, mas nervoso*) Boa tarde, Richard!

PRIMEIRO ATO

BERTHA
(*à mesa, pegando as rosas*) Veja que rosas lindas o sr. Hand me trouxe.

ROBERT
Infelizmente elas perderam o frescor.

RICHARD
(*de repente*) Vocês me dão licença um minuto?

[*Ele se vira e entra depressa em seu escritório*. RO-BERT *tira um lápis do bolso e escreve umas poucas palavras no papelzinho; depois o entrega rapidamente a* BERTHA.]

ROBERT
(*apressado*) O endereço. Pegue o bonde na Lansdowne Road e peça para descer perto.

BERTHA
(*pega o papel*) Não prometo nada.

ROBERT
Estarei te esperando.

[RICHARD *volta do escritório*.]

BERTHA
(*saindo*) Preciso pôr essas rosas na água.

RICHARD
(*entregando-lhe o chapéu*) Sim, faça isso. E, por favor, guarde o meu chapéu.

BERTHA
(*pega o chapéu*) Então vou deixar vocês dois conversarem

tranquilos. (*olhando em volta*) Querem alguma coisa? Cigarros?

RICHARD
Obrigado. Eles estão aqui.

BERTHA
Então vou me retirar.

> [*Ela sai pela esquerda com o chapéu de* RICHARD, *deixa-o no corredor e volta imediatamente; detém-se um instante diante da escrivaninha, guarda o papel na gaveta, tranca, guarda a chave e, pegando as rosas, vai para a direita.* ROBERT *se adianta para lhe abrir a porta. Ela faz uma reverência e sai.*]

RICHARD
(*aponta para a cadeira perto da mesinha da direita*) O seu lugar de honra.

ROBERT
(*senta*) Obrigado. (*passando a mão na testa*) Meu Deus, como está quente hoje! Esse calor me dá uma dor aqui no olho. Essa luz forte.

RICHARD
Acho que a sala está bem escura, com a persiana abaixada, mas se quiser...

ROBERT
(*rápido*) Não mesmo. Eu sei o que é isso — resultado do trabalho noturno.

RICHARD
(*senta na poltrona*) Não há como evitar isso?

PRIMEIRO ATO 55

ROBERT
(*suspira*) Hmm, não. Eu tenho que fechar uma parte do
jornal toda noite. E ainda há os meus editoriais. Estamos
à beira de momentos difíceis. E não só aqui.

RICHARD
(*depois de uma pequena pausa*) Você tem alguma notícia?

ROBERT
(*com uma voz diferente*) Tenho. Eu quero falar sério com
você. Hoje pode ser um dia importante para você — ou
melhor, uma noite importante. Falei com o vice-reitor de
manhã. Ele o tem em altíssima conta, Richard. Disse que
leu seu livro.

RICHARD
Ele comprou ou pegou emprestado?

ROBERT
Espero que tenha comprado.

RICHARD
Vou fumar um cigarro. Já venderam trinta e sete exem-
plares em Dublin.

> [*Tira um cigarro da caixa em cima da mesa e o acende.*]

ROBERT
(*cheio de tato, desanimado*) Bem, por ora não se fala
mais nisso. Você hoje está com a sua máscara de ferro.

RICHARD
(*fumando*) Mas me conte o resto.

ROBERT
(*sério de novo*) Richard, você é desconfiado demais. É um

defeito seu. Ele me garantiu que o tem na mais alta conta, como todo mundo, aliás. Você é o homem certo para o posto, ele diz. A bem da verdade, me disse que se o seu nome for aprovado ele vai dar tudo nas negociações com o Senado e eu... vou fazer minha parte, claro, na imprensa e em conversas pessoais. Considero que seja meu dever público. A cátedra de literaturas românicas é sua por direito, como acadêmico, como personalidade literária.

RICHARD
E as condições?

ROBERT
Condições? Você quer saber do futuro?

RICHARD
Eu quero saber do passado.

ROBERT
(*tranquilo*) Aquele episódio do seu passado está esquecido. Um ato impulsivo. Somos todos impulsivos.

RICHARD
(*olha fixamente para ele*) Na época você declarou que era um ato ensandecido — nove anos atrás. Você me disse que eu estava pendurando uma pedra no pescoço.

ROBERT
Eu estava errado. (*suavemente*) Olha como a coisa está agora, Richard. Todo mundo sabe que oito anos atrás você fugiu com uma jovem... como eu posso dizer?... com uma jovem que não era exatamente uma sua igual. (*com delicadeza*) Você me desculpe, Richard, não se trata da minha opinião nem das minhas palavras. Estou simplesmente reproduzindo o que disseram pessoas de cuja opinião não compartilho.

PRIMEIRO ATO 57

RICHARD
Está escrevendo um dos seus editoriais, na verdade.

ROBERT
Que seja. Enfim, causou sensação na época. Um misterioso desaparecimento. Meu nome também ficou envolvido, como padrinho, digamos assim, na tal famosa ocasião. Claro que as pessoas acham que eu participei daquilo tudo movido por uma equivocada noção de amizade. Enfim, tudo isso é mais que sabido. *(com certa hesitação)* Mas o que aconteceu depois ninguém sabe.

RICHARD
Não?

ROBERT
Claro que não, é assunto seu, Richard. Todavia você não é mais tão jovem. Uma expressão bem típica dos meus artigos, não é verdade?

RICHARD
Você quer ou não quer que eu renegue a minha vida pregressa?

ROBERT
Estou pensando na sua vida futura — aqui. Compreendo o seu orgulho e a sua noção de liberdade. Compreendo também o ponto de vista deles. Todavia, há uma saída; é simplesmente esta: abra mão de contradizer quaisquer boatos que possa ouvir a respeito do que aconteceu... ou não aconteceu depois que você foi embora. Deixe o resto por minha conta.

RICHARD
Você vai lançar esses boatos?

ROBERT
Vou. Se Deus quiser.

RICHARD
(*observando-o*) Em nome das convenções sociais?

ROBERT
Em nome de outra coisa também — da nossa amizade, da nossa amizade de uma vida inteira.

RICHARD
Obrigado.

ROBERT
(*ligeiramente ferido*) E eu vou te contar toda a verdade.

RICHARD
(*sorri e faz uma reverência*) Sim. Conte mesmo, por favor.

ROBERT
Não só por você. Também por... pela sua atual companheira de vida.

RICHARD
Entendo.

> [*Ele esmaga delicadamente o cigarro no cinzeiro, depois se inclina para a frente, esfregando lentamente as mãos.*]

RICHARD
Por que por ela?

ROBERT
(*também se inclina para a frente, em silêncio*) Richard, você foi totalmente justo com ela? Ela teve o direito de

escolher, você pode dizer. Mas teve mesmo? Ela era só uma menina. E aceitou tudo que você propôs.

RICHARD
(*sorri*) Essa é a sua maneira de dizer que ela propôs o que eu não aceitaria.

ROBERT
(*concorda com a cabeça*) Eu lembro. E ela foi embora com você. Mas foi por escolha própria? Responda com franqueza.

RICHARD
(*vira-se com calma para ele*) Eu joguei por ela, contra tudo que você diga ou possa dizer; e ganhei.

ROBERT
(*novamente concordando com a cabeça*) É, você ganhou.

RICHARD
(*levanta-se*) Desculpe eu ter esquecido. Quer um uísque?

ROBERT
Quem espera sempre alcança.

> [RICHARD *vai até o aparador e traz uma bandeja pequena com o decantador e os copos e os deposita na mesa.*]

RICHARD
(*senta novamente, reclinando-se na poltrona*) Sirva-se você mesmo, por favor.

ROBERT
(*serve-se*) E você? Firme? (RICHARD *balança a cabeça*) Jesus, quando eu penso nas nossas noitadas loucas dos ve-

lhos tempos — falando sem parar, fazendo planos, brindes, festas...

RICHARD
Na nossa casa.

ROBERT
Agora é minha casa. Eu nunca me desfiz dela, apesar de não ir muito lá. Quando quiser aparecer, me avise. Você precisa aparecer lá numa noite dessas. Vai ser como nos velhos tempos. (*ergue seu copo e bebe*) *Prosit!*[13]

RICHARD
Não era só uma casa de festa; era para ter sido o lar de uma nova vida. (*pensativo*) E em nome disso foram cometidos os nossos pecados.

ROBERT
Pecados! Bebida e blasfêmia (*aponta para si mesmo*) da minha parte. E bebida e heresia, muito pior (*aponta para o outro*), da sua parte — é desses pecados que você está falando?

RICHARD
E de mais alguns.

ROBERT
(*com jovialidade, intranquilo*) Você está falando das mulheres. Eu não tenho remorsos. Talvez você tenha. Nós possuíamos duas chaves nessas ocasiões. (*maliciosamente*) Você ainda tem a sua?

RICHARD
(*irritado*) Para você era tudo muito natural?

PRIMEIRO ATO

ROBERT
Para mim é muito natural beijar uma mulher de quem eu gosto. Por que não? Para mim ela é linda.

RICHARD
(brincando com a almofada da poltrona) Você beija tudo que acha lindo?

ROBERT
Tudo — se for beijável. (pega na mesa uma pedra achatada) Esta pedra, por exemplo. É tão fresca, tão lustrosa, tão delicada, como a têmpora de uma mulher. É calada, tolera nossa paixão; e é linda. (encosta-a nos lábios) E assim eu lhe dou um beijo, porque ela é linda. E o que é uma mulher? Uma obra da natureza também, como uma pedra, uma flor ou um pássaro. Um beijo é um ato de homenagem.

RICHARD
É um ato de união entre um homem e uma mulher. Apesar de muitas vezes sermos levados ao desejo pela noção de beleza, será que você pode dizer que o belo é o que nós desejamos?

ROBERT
(apertando a pedra contra a testa) Você vai me deixar com dor de cabeça se me fizer pensar. Hoje eu não consigo pensar. Estou me sentindo natural demais, comum demais. Afinal, o que é o mais atraente mesmo na mulher mais linda?

RICHARD
O quê?

ROBERT
Não aquelas qualidades que ela tem e as outras não têm,

mas as qualidades que ela tem em comum com as ou-
tras. Estou falando... das mais comuns. (*depois de virar
a pedra, ele pressiona o outro lado contra a testa*) Es-
tou falando de como o corpo dela produz calor quando
comprimido, do movimento do seu sangue, da velocidade
com que através da digestão ela transforma o que come
naquilo... cujo nome não direi. (*rindo*) Hoje estou muito
comum. Essa ideia nunca te ocorreu?

RICHARD
(*seco*) Muitas ideias ocorrem a um homem que viveu nove
anos com uma mulher.

ROBERT
Sim. Imagino que sim... esta linda pedra fria me faz bem.
É um peso de papel ou um remédio para dor de cabeça?

RICHARD
Bertha trouxe um dia da praia.[14] Ela também acha linda.

ROBERT
(*larga a pedra sem fazer barulho*) Ela tem razão.

[*Ele ergue o copo e bebe. Uma pausa.*]

RICHARD
Era só isso que você queria me dizer?

ROBERT
(*rápido*) Tem outra coisa. O reitor te faz um convite, atra-
vés de mim, para hoje à noite — um jantar na casa dele.
Sabe onde ele mora? (RICHARD *faz que sim com a cabe-
ça*) Achei que você podia ter esquecido. Estritamente par-
ticular, é claro. Ele quer te rever e insiste que você aceite
o convite.

PRIMEIRO ATO

RICHARD
A que horas?

ROBERT
Oito. Mas, como você, ele não leva horários tão a sério.
Agora, Richard, você não pode faltar. É só isso. Sinto que
esta noite vai ser o momento de virada da sua vida. Você
vai viver aqui, trabalhar aqui, pensar aqui e ser honrado
aqui — entre os seus.

RICHARD
(*sorrindo*) Já estou quase vendo dois mensageiros sendo
enviados aos Estados Unidos para conseguir dinheiro
para erguer a minha estátua daqui a cem anos.

ROBERT
(*simpático*) Uma vez eu compus um pequeno epigrama so-
bre estátuas. Todas as estátuas são de dois tipos. (*cruza os
braços diante do peito*) A estátua que diz: *Como é que eu
vou descer daqui?* e a do outro tipo (*descruza os braços e
estende o braço direito, desviando a cabeça*) a estátua que
diz: *No meu tempo a pilha de esterco era desta altura.*

RICHARD
Para mim a segunda, por favor.

ROBERT
(*preguiçosamente*) Você me dá um daqueles seus charutos
compridos?

> [RICHARD *escolhe na caixa sobre a mesa uma cigar-
> rilha da Virgínia, e a passa para ele com a palha reti-
> rada.*]

ROBERT
(*acendendo*) Essas cigarrilhas me europeízam. Se a Irlan-

da se tornar uma nova Irlanda, ela primeiro tem que virar europeia. E é para isso que você está aqui, Richard. Um dia vamos ter que escolher entre a Inglaterra e a Europa. Eu sou descendente dos estrangeiros escuros;[15] por isso gosto de estar aqui. Posso ser infantil, mas em que outro lugar de Dublin consigo encontrar um charuto bandido como este aqui ou uma xícara de café preto? O homem que bebe café preto há de conquistar a Irlanda. E agora vou aceitar só meia dose daquele uísque, Richard, para mostrar que não guardo rancor.

RICHARD
(*aponta*) Pode se servir.

ROBERT
(*obedece*) Obrigado. (*bebe e continua falando*) E ainda tem você, esse seu jeito de se espichar na poltrona. O sotaque do seu filho e também... a própria Bertha. Permite que eu me refira a ela assim, Richard? Quer dizer, como um velho amigo de vocês dois.

RICHARD
Ah, mas por que não?

ROBERT
(*animado*) Você tem essa indignação furiosa que lacerava o coração de Swift.[16] Você caiu de um mundo superior, Richard, e é invadido por uma indignação furiosa quando descobre que a vida é covarde e ignóbil. Enquanto eu... será que devo te dizer?

RICHARD
Mas certamente.

ROBERT
(*de modo malicioso*) Provenho de um mundo inferior e

PRIMEIRO ATO

fico pasmo quando descubro que as pessoas têm alguma
virtude que as redime.

RICHARD
(*de repente senta-se ereto e apoia os cotovelos na mesa*)
Você é meu amigo então?

ROBERT
(*sério*) Eu lutei por você nesse tempo todo da sua ausên-
cia. Lutei para trazer vocês de volta. Lutei para guardar
o seu lugar aqui. E ainda vou lutar porque tenho fé em
você, a fé de um discípulo em seu mestre. Não posso di-
zer mais que isso. Pode parecer estranho... Me passe um
fósforo.

RICHARD
(*acende um fósforo, que lhe oferece*) Existe uma fé ainda
mais estranha que a do discípulo em seu mestre.

ROBERT
E qual seria?

RICHARD
A fé do mestre no discípulo que vai traí-lo.[17]

ROBERT
A Igreja perdeu um teólogo em você, Richard. Mas acho
que você analisa a vida a fundo demais. (*levanta-se, aper-
tando levemente o braço de* RICHARD) Seja feliz. A vida
não merece.

RICHARD
(*sem se levantar*) Você já está indo?

ROBERT
Eu preciso. (*vira-se e diz em tom amistoso*) Então está

combinado. Nos vemos hoje à noite na casa do vice-reitor. Devo aparecer lá pelas dez. Para vocês poderem ficar cerca de uma hora sozinhos. Você me espera chegar?

RICHARD
Certo.

ROBERT
Mais um fósforo e fico satisfeito.

> [RICHARD *risca outro fósforo, entrega a ele e se levanta também.* ARCHIE *entra pela porta da esquerda, seguido por* BEATRICE.]

ROBERT
Pode me dar os parabéns, Beatty. Conquistei o Richard.

ARCHIE
(*indo até a porta da direita, grita*) Mamãe, a srta. Justice está indo embora.

BEATRICE
Você merece parabéns por quê?

ROBERT
Por uma vitória, claro. (*pondo a mão de leve no ombro de* RICHARD) O descendente de Archibald Hamilton Rowan[18] voltou para casa.

RICHARD
Eu não sou descendente de Hamilton Rowan.

ROBERT
Que diferença faz?

> [BERTHA *entra pela direita com um vaso de rosas.*]

PRIMEIRO ATO

BEATRICE
O sr. Rowan já...?

ROBERT
(*dirigindo-se a* BERTHA) Richard vai hoje à noite ao jantar do vice-reitor. Vão consumir o bezerro selvagem: assado, espero. E a próxima reunião do conselho confirmará o descendente de um xará etcétera, etcétera numa cátedra da universidade. (*estende a mão*) Boa tarde, Richard. Nos vemos à noite.

RICHARD
(*toca a mão dele*) Em Filipos.[19]

BEATRICE
(*trocando também um aperto de mãos*) Fico torcendo pelo seu sucesso, sr. Rowan.

RICHARD
Obrigado. Mas não acredite no Robert.

ROBERT
(*com vivacidade*) Acredite sim, acredite sim. (*para* BERTHA) Boa tarde, sra. Rowan.

BERTHA
(*apertando com sinceridade a mão dele*) Eu também te agradeço. (*para* BEATRICE) Não vai ficar para o chá, srta. Justice?

BEATRICE
Não, obrigada. (*despede-se dela*) Preciso ir. Boa tarde. Até mais, Archie. (*saindo*)

ROBERT
Addio, Archibald.

ARCHIE
Addio.

ROBERT
Espere, Beatty. Eu te acompanho.

BEATRICE
(*saindo pela direita com* BERTHA) Ah, não se incomode.

ROBERT
(*indo atrás dela*) Mas eu insisto... como primo.

[BERTHA, BEATRICE *e* ROBERT *saem pela porta da esquerda.* RICHARD *fica indeciso perto da mesa.* ARCHIE *fecha a porta que leva ao corredor da entrada e, vindo até ele, puxa a manga de seu paletó.*]

ARCHIE
Então, papai!

RICHARD
(*distraído*) O quê?

ARCHIE
Eu queria perguntar uma coisa.

RICHARD
(*sentado na beira da poltrona, olhos fixos à frente*) O quê?

ARCHIE
O senhor pede para a mamãe me deixar sair de manhã com o leiteiro?

RICHARD
Com o leiteiro?

PRIMEIRO ATO

ARCHIE
É. Na carroça do leite. Ele diz que vai me deixar segurar
as rédeas quando a gente chegar nas ruas mais sem gente.
O cavalo é um bicho bem bonzinho. Posso ir?

RICHARD
Pode.

ARCHIE
Pergunta então para a mamãe se eu posso ir. Tudo bem?

RICHARD
(*lança um olhar para a porta*) Tudo bem.

ARCHIE
Ele disse que vai me mostrar as vacas que ele tem lá no
campo. O senhor sabe quantas vacas ele tem?

RICHARD
Quantas?

ARCHIE
Onze. Oito vermelhas e três brancas. Mas uma está doen-
te. Não, doente não. Mas ela caiu.

RICHARD
Vacas?

ARCHIE
(*com um gesto*) Êêê... Touro é que não. Porque touro não
dá leite. Onze vacas. Elas devem dar bastante leite. Por
que que as vacas dão leite?

RICHARD
(*segura a mão dele*) Quem é que sabe? Você entende o que
significa dar uma coisa?

ARCHIE
Dar? Entendo, sim.

RICHARD
Se você tem uma coisa, alguém pode tirar de você.

ARCHIE
Os ladrões? Certo?

RICHARD
Mas se você dá essa coisa, ela está dada. Nenhum ladrão pode tirá-la de você. (*ele curva a cabeça e encosta a mão do filho no rosto*) Ela é sua para sempre depois que você deu. Vai ser sua para sempre. Isso é que é dar.

ARCHIE
Mas, papai?

RICHARD
Sim?

ARCHIE
Como é que um ladrão pode roubar uma vaca? Todo mundo ia ver. De noite, quem sabe...

RICHARD
De noite, isso mesmo.

ARCHIE
Aqui tem ladrão que nem em Roma?

RICHARD
Existe gente pobre em toda parte.

ARCHIE
E eles têm revólver?

PRIMEIRO ATO 71

RICHARD
Não.

ARCHIE
Faca? Eles têm faca?

RICHARD
(*sério*) Têm, têm. Faca e revólver.

ARCHIE
(*retira a mão*) Pergunte pra mamãe agora. Ela está vindo.

RICHARD
(*esboça um gesto de se levantar*) Vou perguntar, sim.

ARCHIE
Não, senta aí, papai. O senhor espera pra perguntar quando ela voltar. Eu não fico aqui. Eu vou para o jardim.

RICHARD
(*afundando de novo na poltrona*) Isso. Vai.

ARCHIE
(*dá um beijo apressado no pai*) Obrigado.

[*Ele sai correndo pela porta dos fundos, que dá para o jardim.* BERTHA *entra pela porta da esquerda. Aproxima-se da mesa e fica parada ao lado dela, mexendo nas pétalas das rosas, olhando para* RICHARD.]

RICHARD
(*olhando para ela*) E então?

BERTHA
(*distraída*) Bem. Ele diz que gosta de mim.

RICHARD
(*apoia o queixo na mão*) Você mostrou o bilhete?

BERTHA
Mostrei. Perguntei o que aquilo queria dizer.

RICHARD
E o que ele falou que queria dizer?

BERTHA
Ele disse que eu devia saber. Eu disse que fazia ideia. Aí ele me disse que gostava muito de mim. Que eu era linda — essas coisas.

RICHARD
Desde quando!

BERTHA
(*de novo distraída*) Desde quando o quê?

RICHARD
Desde quando ele disse que gosta de você?

BERTHA
Sempre, ele disse. Só que mais desde que voltamos. Ele disse que eu era como a lua com este vestido cor de lavanda. (*olhando para ele*) Você discutiu com ele... sobre mim?

RICHARD
(*de um jeito brando*) O de sempre. Não sobre você.

BERTHA
Ele estava muito nervoso. Você percebeu?

RICHARD
Percebi. Percebi, sim. O que mais aconteceu?

PRIMEIRO ATO   73

BERTHA
Ele pediu a minha mão.

RICHARD
(*sorrindo*) Em casamento?

BERTHA
(*sorrindo*) Não, só para segurar.

RICHARD
E você deu?

BERTHA
Dei. (*arrancando algumas pétalas*) Aí ele fez carinho na
minha mão e perguntou se eu deixava ele me dar um beijo.
Eu deixei.

RICHARD
E depois?

BERTHA
Aí ele perguntou se podia me abraçar — nem que fosse
uma vez. Aí...

RICHARD
E aí?

BERTHA
Ele me abraçou.

RICHARD
(*encara o chão por um instante, depois olha de novo para
ela*) E aí?

BERTHA
Ele disse que eu tinha olhos lindos. E perguntou se podia
beijar os meus olhos (*faz um gesto*) Eu disse: *Beije*.

RICHARD
E ele beijou?

BERTHA
Sim. Primeiro um, depois o outro. (*interrompe-se de repente*) Me diga, Dick, isso não te perturba? Porque eu te disse que não quero. Acho que você está só fingindo que não se incomoda. Eu não me incomodo.

RICHARD
(*baixinho*) Eu sei, querida. Mas quero descobrir o que ele quer dizer e o que ele sente tanto quanto você.

BERTHA
(*aponta para ele*) Lembre-se, foi você que me deixou ir em frente com isso. Eu te contei tudo desde o começo.

RICHARD
(*como antes*) Eu sei, querida... E depois?

BERTHA
Ele me pediu um beijo. Eu disse: *Roube*.

RICHARD
E aí?

BERTHA
(*amassando um punhado de pétalas*) Ele me beijou.

RICHARD
Na boca?

BERTHA
Uma ou duas vezes.

RICHARD
Beijos longos?

PRIMEIRO ATO   75

BERTHA
Bem longos. (*reflete*) Sim, da última vez.

RICHARD
(*esfrega lentamente as mãos; depois*) Com os lábios?
Ou... do outro jeito?

BERTHA
Sim, na última vez.

RICHARD
Ele pediu para você dar um beijo nele?

BERTHA
Pediu.

RICHARD
Você deu?

BERTHA
(*hesita, depois olha fixo para ele*) Dei. Eu dei um beijo
nele.

RICHARD
Como?

BERTHA
(*dando de ombros*) Ah, do jeito simples.

RICHARD
Você estava excitada?

BERTHA
Bom, você pode imaginar. (*fechando o rosto de repente*)
Não muito. Ele não tem uma boca boa... Mas ainda assim
eu estava excitada, claro. Mas não como com você, Dick.

RICHARD
Ele estava?

BERTHA
Excitado? Sim, acho que sim. Estava suspirando. Acho que estava nervosíssimo.

RICHARD
(*descansando a testa na mão*) Sei.

BERTHA
(*aproxima-se da poltrona e fica parada perto dele*) Você está com ciúme?

RICHARD
(*como antes*) Não.

BERTHA
(*baixinho*) Você está, Dick.

RICHARD
Eu não estou. Ciúme do quê?

BERTHA
Porque ele me beijou.

RICHARD
(*levanta a cabeça*) Foi só isso?

BERTHA
Foi. Só isso. Mas ele perguntou se eu podia me encontrar com ele.

RICHARD
Em algum lugar na rua?

PRIMEIRO ATO

BERTHA
Não. Na casa dele.

RICHARD
(*surpreso*) Lá com a mãe dele, por acaso?

BERTHA
Não, numa casa que ele tem. Ele escreveu o endereço para mim.

[*Ela vai até a escrivaninha, tira a chave do vaso de flores, destranca a gaveta e volta para ele com o papelzinho.*]

RICHARD
(*quase para si próprio*) O nosso chalé.

BERTHA
(*passa o papel para ele*) Aqui.

RICHARD
(*lê*) É. O nosso chalé.

BERTHA
Nosso...?

RICHARD
Não, dele. Eu chamo de nosso. (*olhando para ela*) O chalezinho de que eu te falei tantas vezes — do qual nós dois tínhamos a chave, ele e eu. Agora é dele. Onde nós tínhamos as nossas loucas noitadas, conversa, bebida, planos — naquela época. Grandes noitadas; sim. Ele e eu juntos. (*joga o papelzinho no sofá e se levanta de repente*) E às vezes eu sozinho. (*olha fixamente para ela*) Mas não exatamente sozinho. Eu te contei. Lembra?

BERTHA
(*chocada*) Aquele lugar?

RICHARD
(*afasta-se alguns passos dela e fica parado, pensando, a mão no queixo*) Sim.

BERTHA
(*pegando de novo o papelzinho*) Onde fica?

RICHARD
Você não sabe?

BERTHA
Ele me disse para pegar o bonde na Lansdowne Road e pedir para o motorneiro parar lá perto. É... é algum lugar ruim?

RICHARD
Ah, não. Chalés. (*volta para a poltrona e senta*) Que resposta você deu?

BERTHA
Nenhuma. Ele disse que estará esperando.

RICHARD
Hoje à noite?

BERTHA
Todas as noites, ele disse. Entre oito e nove horas.

RICHARD
Então é para eu ir a essa entrevista hoje à noite — com o professor. Sobre o emprego pelo qual eu devo implorar. (*olhando para ela*) A entrevista foi marcada por ele para esta noite — entre oito e nove horas. Curioso, não é? No mesmo horário.

PRIMEIRO ATO

BERTHA
Muito.

RICHARD
Ele te perguntou se eu desconfiava de alguma coisa?

BERTHA
Não.

RICHARD
Chegou a mencionar o meu nome?

BERTHA
Não.

RICHARD
Nem uma única vez?

BERTHA
Não que eu me lembre.

RICHARD
(*levantando-se de um salto*) Ah, sim! Está mais do que claro!

BERTHA
O quê?

RICHARD
(*andando de um lado para outro*) Mentiroso, ladrão e burro! Está mais do que claro! Um ladrãozinho ordinário! Qual a dúvida? (*com uma risada áspera*) Meu grande amigo! E patriota também! Ladrão... qual a dúvida? (*para, metendo as mãos nos bolsos*) E também um burro!

BERTHA
(*olhando para ele*) O que você vai fazer?

RICHARD
(*seco*) Vou segui-lo. Encontrar o camarada. Dizer tudo.
(*calmo*) Poucas palavras e pronto. Ladrão e burro.

BERTHA
(*joga o papelzinho no sofá*) Entendi tudo!

RICHARD
(*dirigindo-se a ela*) Hein?

BERTHA
(*com raiva*) Obra de um demônio.

RICHARD
Ele?

BERTHA
(*virando-se contra ele*) Não, você! Obra de um demônio,
para fazer ele ficar contra mim da mesma forma que ten-
tou fazer o meu próprio filho ficar contra mim. Só que
não conseguiu!

RICHARD
Como? Mas como, meu Deus?

BERTHA
(*agitada*) Isso mesmo. O que eu disse. Todo mundo per-
cebeu. Toda vez que eu tentava corrigir qualquer coi-
sinha nele, você vinha com as suas loucuras, falando
como se ele fosse adulto. Estragando o coitado do meni-
no, ou tentando. Aí é claro que eu era a mãe malvada e
só você tinha amor por ele. (*cada vez mais agitada*) Mas
você não conseguiu que ele ficasse contra mim — contra
a própria mãe. Sabe por quê? Porque o menino tem uma
boa natureza.

PRIMEIRO ATO

RICHARD
Eu nunca tentei fazer uma coisa dessa, Bertha. Você sabe que eu não consigo ser duro com uma criança.

BERTHA
Porque você nunca amou nem a sua própria mãe. Mãe é sempre mãe, aconteça o que acontecer. Eu nunca ouvi falar de um ser humano que não amasse a mãe que pôs ele no mundo, fora você.

RICHARD
(*aproximando-se dela em silêncio*) Bertha, não diga coisas de que vai se arrepender. Você não fica feliz que o meu filho goste de mim?

BERTHA
Quem ensinou ele a gostar? Quem ensinou ele a correr para te encontrar? Quem disse para ele que você ia trazer brinquedos, quando você estava lá nas suas caminhadas na chuva, sem nem pensar nele... e em mim? Fui eu. Eu ensinei o menino a te amar.

RICHARD
Sim, querida. Eu sei que foi você.

BERTHA
(*quase chorando*) E aí você tenta botar todo mundo contra mim. Tudo tem que ser por você. Eu tenho que parecer falsa e cruel para todo mundo, fora você. Você tira vantagem da minha simplicidade como fez na primeira vez.

RICHARD
(*com violência*) Você tem coragem de me dizer uma coisa dessa?

BERTHA
(*virada para ele*) Tenho, tenho sim! Tive e tenho. Só porque

eu sou simples você acha que pode fazer o que quiser comigo. (*gesticulando*) Vá atrás dele agora. Xingue. Faça ele se sentir pequeno na sua frente, e faça ele me desprezar. Vá atrás dele!

RICHARD
(*controlando-se*) Você esquece que te dei plena liberdade — e ainda dou.

BERTHA
(*com desdém*) Liberdade!

RICHARD
Sim, plena. Mas ele precisa saber que eu sei. (*com mais calma*) Vou conversar com ele com tranquilidade. (*em tom de súplica*) Bertha, acredite em mim, querida! Não é ciúme. Você tem plena liberdade para agir como quiser — você e ele. Mas não dessa maneira. Ele não vai te desprezar. Você não quer me enganar nem fingir que me engana com ele, não é verdade?

BERTHA
Não, não quero. (*olhando direto para ele*) Quem aqui está enganando alguém?

RICHARD
De nós? Você e eu?

BERTHA
(*num tom calmo, decidido*) Eu sei por que você me concedeu isso que fica chamando de plena liberdade.

RICHARD
Por quê?

BERTHA
Para ter você mesmo plena liberdade com... aquela moça.

RICHARD
(*irritado*) Mas, santo Deus, você sempre soube. Eu nunca escondi.

BERTHA
Escondeu, sim. Eu achava que era alguma amizade entre vocês — até a gente voltar, e aí eu percebi.

RICHARD
E é, Bertha.

BERTHA
(*balança a cabeça*) Não, não é. É muito mais; por isso você me dá plena liberdade. Essas coisas todas que você passa a noite inteirinha escrevendo (*aponta para o escritório*) ali... sobre ela. Chama isso de amizade?

RICHARD
Acredite em mim, Bertha, minha querida. Acredite em mim como eu acredito em você.

BERTHA
(*com um gesto impulsivo*) Meu Deus, eu sinto! Eu sei! O que mais existe entre vocês além de amor?

RICHARD
(*calmo*) Você fica tentando colocar essa ideia na minha cabeça, mas te aviso que as minhas ideias nunca vêm de outras pessoas.

BERTHA
(*irritada*) É sim, é sim! Por essa razão você deixa ele continuar com isso. Claro! Não te afeta. É a ela que você ama.

RICHARD
Amar! (*abre os braços com um suspiro e se afasta dela*)
Eu não consigo discutir com você.

BERTHA
Não consegue porque eu tenho razão. (*dando alguns passos atrás dele*) O que os outros iriam dizer?

RICHARD
(*vira-se para ela*) Você acha que eu me importo?

BERTHA
Mas eu me importo. O que ele ia dizer se soubesse? Você, que fala tanto do sentimento elevado que tem por mim, se expressando aí desse jeito para outra mulher. Se ele fizesse uma coisa dessa, ou outros homens, eu até podia entender, porque eles são falsos pretendentes. Mas você, Dick! Por que você não conta para ele então?

RICHARD
Você pode contar, se quiser.

BERTHA
E vou. Vou mesmo.

RICHARD
(*com frieza*) Ele vai te explicar.

BERTHA
Ele não diz uma coisa e faz outra. Ele é honesto, lá do jeito dele.

RICHARD
(*arranca uma rosa e a joga aos pés dela*) Ah, pode apostar! A própria alma da honra!

PRIMEIRO ATO

BERTHA

Pode rir dele o quanto você quiser. Eu entendo mais do que você pensa dessas questões. E ele também vai entender. Escrevendo aquelas cartas enormes para ela, anos a fio, e ela para você. Anos a fio. Mas depois que eu voltei eu entendo — entendo bem.

RICHARD

Você não entende. Nem ele ia entender.

BERTHA

(*ri com desdém*) Claro. Nem eu nem ele podemos entender. Só ela. Porque é uma coisa tão profunda!

RICHARD

(*com raiva*) Nem ele nem você — e nem ela também! Nenhum de vocês!

BERTHA

(*com amargura*) Ela vai! Ela vai entender! Aquela doente!

[*Ela dá as costas para ele e caminha até a mesinha da direita.* RICHARD *contém um gesto súbito. Pausa breve.*]

RICHARD

(*solene*) Bertha, cuidado ao dizer palavras como essas!

BERTHA

(*dirigindo-se a ele, agitada*) Eu não estou falando por mal! Tenho mais pena dela do que você, por ser mulher. Tenho mesmo, sinceramente. Mas o que estou dizendo é verdade.

RICHARD

Mas é generoso? Pense.

BERTHA
(*apontando para o jardim*) Ela é que não tem generosidade. Não esqueça o que eu estou dizendo.

RICHARD
O quê?

BERTHA
(*aproxima-se mais; num tom mais calmo*) Você deu muito a essa mulher, Dick. E ela pode valer. E pode entender tudo também. Eu sei que ela é desse tipo.

RICHARD
Você acredita mesmo nisso?

BERTHA
Acredito. Mas acredito que você vai conseguir muito pouco em troca — dela ou de qualquer pessoa daquele clã. Lembre-se das minhas palavras, Dick. Porque ela não é generosa e eles não são generosos. Está tudo errado o que estou dizendo? Está?

RICHARD
(*sombrio*) Não. Não mesmo.

[*Ela se abaixa, pega a rosa no chão e a coloca de novo no vaso. Ele fica olhando.* BRIGID *aparece na porta sanfonada à direita.*]

BRIGID
O chá está servido, madame.

BERTHA
Muito bem.

BRIGID
O menino está no jardim?

PRIMEIRO ATO

BERTHA
Está. Mande ele entrar.

[BRIGID *atravessa o cômodo e sai para o jardim.* BER-
THA *vai na direção das portas da direita. Ao chegar à
poltrona, para e pega o papelzinho.*]

BRIGID
(*no jardim*) Archie! É para você entrar para o chá.

BERTHA
É para eu ir a esse lugar?

RICHARD
Você quer ir?

BERTHA
Quero descobrir do que ele está falando. É para eu ir?

RICHARD
Por que você está me perguntando? Decida sozinha.

BERTHA
Você diz para eu ir?

RICHARD
Não.

BERTHA
Você me proíbe de ir?

RICHARD
Não.

BRIGID
(*no jardim*) Vem logo, Archie! O chá está esperando.

[BRIGID *atravessa o cômodo e sai pela porta sanfonada.* BERTHA *dobra o papelzinho, guarda-o no cós do vestido e caminha lentamente para a direita. Perto da porta ela se vira e para.*]

BERTHA
Diga para eu não ir e eu não vou.

RICHARD
(*sem olhar para ela*) Decida sozinha.

BERTHA
Você vai me acusar depois?

RICHARD
(*irritado*) Não, não! Eu não vou te acusar. Você é livre. Eu não posso te acusar.

[ARCHIE *aparece à porta do jardim.*]

BERTHA
Eu não te enganei.

[*Ela sai pela porta sanfonada.* RICHARD *permanece parado junto à mesa.* ARCHIE, *depois que a mãe sai, corre para* RICHARD.]

ARCHIE
(*apressado*) Então, perguntou pra ela?

RICHARD
(*assustado*) O quê?

ARCHIE
Posso ir?

PRIMEIRO ATO

RICHARD
Pode.

ARCHIE
De manhã? Ela disse que eu posso?

RICHARD
Sim. De manhã.

> [*Ele passa um braço pelos ombros do filho e olha carinhosamente para ele.*]

Segundo ato

[*Um cômodo do chalé de* ROBERT HAND *em Ranelagh. À direita, perto da boca do palco, um pequeno piano preto, em cuja estante há uma partitura aberta. Mais ao fundo, uma porta leva a outra, que dá para a rua. Na parede do fundo, uma porta sanfonada, coberta por uma cortina escura, leva a um quarto. Perto do piano, uma mesa grande, sobre a qual há uma luminária alta a óleo com uma ampla cúpula amarela. Cadeiras estofadas perto dessa mesa. Uma pequena mesa de cartas mais à frente. Contra a parede dos fundos, uma estante de livros. Na parede da esquerda, no fundo, uma janela dá para o jardim e, na frente, uma porta com varanda, também leva ao jardim. Poltronas aqui e ali. Plantas na varanda e perto da porta sanfonada coberta pela cortina. Nas paredes há muitos quadros com desenhos em preto e branco. No canto direito, no fundo, um aparador; e no centro do cômodo, à esquerda da mesa, um conjunto formado por um narguilé grande, um pequeno forno a óleo, que não está aceso, e uma cadeira de balanço. É a noite do mesmo dia.*]

[ROBERT HAND, *com trajes de noite, está sentado ao piano. As velas não estão acesas, mas a luminária sobre a mesa, sim. Ele toca suavemente no registro grave os primeiros compassos da canção de Wolfram*

SEGUNDO ATO   91

no último ato de Tannhäuser.[20] *Depois se interrompe e, repousando um cotovelo na borda do teclado, reflete. Em seguida se levanta e, depois de tirar um borrifador de trás do piano, anda de um lado para outro pelo cômodo soltanto jatos de perfume no ar. Aspira o ar lentamente e depois coloca o borrifador de novo atrás do piano. Senta numa cadeira perto da mesa e, ajeitando cuidadosamente o cabelo, suspira uma ou duas vezes. Depois enfia as mãos nos bolsos da calça, reclina-se, estende as pernas e espera. Alguém bate na porta da rua. Ele se levanta apressado.]*

ROBERT
(*exclama*) Bertha!

[*Ele sai apressado pela porta da direta. Sons de uma saudação confusa. Depois de alguns instantes,* RO- BERT *entra, seguido por* RICHARD ROWAN, *que está com o mesmo terno cinza-claro de tweed; numa das mãos tem um chapéu de feltro escuro e, na outra, um guarda-chuva.*]

ROBERT
Antes de mais nada, deixa eu guardar isto aqui.

[*Ele pega o chapéu e o guarda-chuva, deixa-os no corredor de entrada e volta.*]

ROBERT
(*puxando uma cadeira*) Então você veio. Sorte sua me encontrar aqui. Por que não me disse que viria? Você sempre gostou de surpresas, seu diabinho. Imagino que a minha evocação do passado tenha sido demais para esse seu sangue férvido. Olha como eu fiquei artístico. (*aponta para a parede*) O piano também não estava aqui na sua época. Agora mesmo eu estava tocando Wagner, antes de

você chegar. Matando o tempo. Como você pode ver, estou pronto para a batalha. (*ri*) Agora mesmo estava pensando em como você e o vice-reitor estariam se dando. (*com espanto exagerado*) Mas você vai com esse terno? Ah, enfim, não deve fazer tanta diferença. Mas que horas serão? (*tira o relógio do bolso*) Nossa, oito e vinte!

RICHARD
Você está esperando alguém?

ROBERT
(*ri, nervoso*) Sempre desconfiado!

RICHARD
Então posso sentar?

ROBERT
Claro, claro. (*os dois sentam*) Por alguns minutos, pelo menos. Aí podemos ir os dois juntos. O horário não era rígido. Entre oito e nove, ele disse, não foi? Que horas são? (*está prestes a olhar de novo no relógio; então para*) Oito e vinte, sim.

RICHARD
(*cansado, triste*) Você estava esperando alguém no mesmo horário. Aqui.

ROBERT
Esperando quem?

RICHARD
Bertha.

ROBERT
(*olha fixo para ele*) Você enlouqueceu?

SEGUNDO ATO

RICHARD
Você enlouqueceu?

ROBERT
(*depois de uma longa pausa*) Quem te contou?

RICHARD
Ela.

[*Breve silêncio.*]

ROBERT
(*falando baixo*) Sim. Eu devo ter enlouquecido. (*acelera-do*) Escute, Richard. Para mim é um grande alívio você ter vindo — um alívio imenso. Eu te garanto que de hoje à tarde até agora fiquei o tempo todo pensando em como desmarcar isso tudo sem parecer um tonto. Um grande alívio! Até pensei em mandar um bilhete... uma carta, algumas linhas. (*de repente*) Mas aí era tarde demais... (*passa a mão pela testa*) Deixe eu falar com franqueza com você; deixe eu te contar tudo.

RICHARD
Eu sei de tudo. Sei já há algum tempo.

ROBERT
Desde quando?

RICHARD
Desde que começou, entre você e ela.

ROBERT
(*de novo acelerado*) Sim, eu enlouqueci. Mas foi mera leviandade. Concordo que ter dito para ela vir aqui hoje à noite foi um equívoco. Posso te explicar tudo. E vou. Verdade.

RICHARD
Então me explique qual é a palavra que você queria tanto
dizer a ela e nunca ousou. Se puder ou se quiser.

ROBERT
(*baixa os olhos, depois ergue a cabeça*) Sim. Vou expli-
car. Eu admiro demais a personalidade da sua... da... sua
esposa. Essa é a palavra. Eu posso dizer. Não é segredo.

RICHARD
Então por que quis manter a sua corte em segredo?

ROBERT
Corte?

RICHARD
A suas investidas sobre ela, pouco a pouco, dia a dia,
olhares, sussurros. (*com um movimento nervoso das
mãos*) Insomma,[21] corte.

ROBERT
(*desorientado*) Mas como você sabe disso tudo?

RICHARD
Ela me contou.

ROBERT
Hoje à tarde?

RICHARD
Não. A cada vez, à medida que ia acontecendo.

ROBERT
Você ficou sabendo? Por ela? (RICHARD *concorda com a
cabeça*) Você estava de olho em nós dois o tempo todo?

SEGUNDO ATO

RICHARD

(*com muita frieza*) Eu estava de olho em você.

ROBERT

(*rápido*) Quer dizer, de olho em mim. E nunca abriu a boca! Era só você dizer uma palavra... para me salvar de mim mesmo. Você ficou me testando. (*passa de novo a mão pela testa*) Foi um julgamento terrível: e agora também. (*desesperado*) Bom, já passou. Vai ser uma lição que eu vou levar para a vida toda. Agora você me odeia pelo que eu fiz e por...

RICHARD

(*tranquilo, olhando para ele*) Quem disse que eu te odeio?

ROBERT

Não odeia? Deveria odiar.

RICHARD

Mesmo que Bertha não tivesse me contado, eu saberia. Não percebeu que quando cheguei hoje à tarde eu passei por um instante no meu escritório?

ROBERT

Passou. Eu lembro.

RICHARD

Para você ter tempo de se recuperar. Ver os seus olhos me deixou triste. E as rosas também. Não sei dizer por quê. Um grande maço de rosas passadas.

ROBERT

Achei que eu tinha que dar as flores. Foi estranho? (*olha para* RICHARD *com expressão torturada*) Muitas, talvez? Ou velhas demais? Comuns demais?

RICHARD
Foi por isso que eu não te odiei. Aquilo tudo me deixou imediatamente triste.

ROBERT
(*para si próprio*) E isso é real. Está acontecendo... conosco.

[*Ele olha fixo para a frente por algum tempo, como que entorpecido; depois, sem virar a cabeça, continua.*]

ROBERT
E ela também estava me testando; fazendo um experimento comigo por sua causa!

RICHARD
Você conhece as mulheres melhor que eu. Ela diz que se apiedou de você.

ROBERT
(*pensativo*) Ela se apiedou de mim porque eu não sou mais... um amante ideal. Como as minhas rosas. Comum, velho.

RICHARD
Como todos os homens, você tem um coração tolo e inconstante.

ROBERT
(*devagar*) Bom, finalmente você abriu a boca. Escolheu o momento certo.

RICHARD
(*inclina-se para a frente*) Robert, assim não. Para nós dois, não. Anos, uma vida toda de amizade. Pense um pouco. Desde a infância, meninos... Não, não. Não desse jeito — como ladrões —, à noite. (*olhando em torno*) E

SEGUNDO ATO

num lugar como este. Não, Robert, isso não é para pessoas como nós.

ROBERT

Que lição! Richard, mal posso te dizer o alívio que é para mim você ter aberto a boca — que o perigo tenha passado. Sim, sim. (*sem muita confiança*) Porque... havia algum perigo para você também, se você parar para pensar. Não é verdade?

RICHARD

Que perigo?

ROBERT

(*no mesmo tom*) Não sei. Quer dizer, se você não tivesse aberto a boca. Se tivesse ficado assistindo e esperando até...

RICHARD

Até?

ROBERT

(*corajosamente*) Até eu ter passado a gostar cada vez mais dela (posso te garantir que se trata apenas de uma ideia leviana minha), a gostar de verdade dela, a amar. Nessa situação, você falaria comigo como falou agora? (RICHARD *está calado*. ROBERT *prossegue com mais audácia*) Seria diferente, não é verdade? Porque poderia ser tarde demais, enquanto agora não é. O que eu iria dizer nesse caso? Apenas isto: você é meu amigo, um bom amigo querido. Sinto muitíssimo, mas isso é amor. (*com um súbito gesto ardente*) Eu a amo e vou tirar essa mulher de você custe o que custar, porque é amor.

[*Eles se olham por algum tempo em silêncio.*]

RICHARD

(*com calma*) É uma linguagem que eu já ouvi muitas vezes e na qual nunca acreditei. Você está falando de manobras ou de violência? Roubar, na minha casa, seria impossível, porque as portas estavam abertas; nem levar Bertha com violência, se não havia resistência.

ROBERT

Você esquece que o reino dos céus é arrebatado à força — o reino dos céus é como uma mulher.

RICHARD

(*sorrindo*) Continue.

ROBERT

(*sem confiança, mas corajosamente*) Você acha que tem direitos sobre ela — sobre o coração dela?

RICHARD

Nenhum.

ROBERT

Pelo que fez por ela? Tanto! Você não pede nada?

RICHARD

Nada.

ROBERT

(*depois de uma pausa, bate com a mão na testa*) Do que é que eu estou falando? Ou o que é que eu estou pensando? Queria que você me repreendesse ou me xingasse, queria até que você me odiasse como eu mereço. Você ama essa mulher. Lembro tudo que você me contou tanto tempo atrás. Ela é sua, obra sua. (*repentinamente*) Por isso eu também me senti atraído por ela. Você é tão forte que atrai até a mim, através dela.

SEGUNDO ATO

RICHARD
Eu sou fraco.

ROBERT
(*com entusiasmo*) Você, Richard! Você é a encarnação da
força.

RICHARD
(*estende as mãos*) Sinta estas mãos.

ROBERT
(*segurando as mãos dele*) Sim. As minhas são mais fortes.
Mas eu estava falando de outro tipo de força.

RICHARD
(*lúgubre*) Acho que você ia tentar levá-la com violência.

[*Ele retira as mãos lentamente.*]

ROBERT
(*apressado*) São momentos de pura loucura quando senti-
mos uma paixão intensa por uma mulher. Não enxergamos
mais nada. Não pensamos em mais nada. Só para tê-la.
Pode dizer que é brutal, que é bestial, o que você quiser.

RICHARD
(*com certa timidez*) Talvez esse desejo de possuir uma mu-
lher não seja amor.

ROBERT
(*impaciente*) Ainda não viveu nesta terra o homem que
não desejou possuir — eu falo de possuir carnalmente — a
mulher que ama. É a lei da natureza.

RICHARD
(*com desdém*) E eu com isso? Eu votei essa lei?

ROBERT
Mas se você ama... O que mais seria?

RICHARD
(*hesitando*) Querer o bem dela.

ROBERT
(*calorosamente*) Mas a paixão que arde dentro de nós, noite e dia, por possuir essa mulher. Você sente tanto quanto eu. E não foi o que você disse agora.

RICHARD
Você tem...? (*para um momento*) Você tem a certeza luminosa de que o seu é o cérebro em contato com o qual ela há de pensar e compreender e de que o seu é o corpo em contato com o qual o dela há de sentir? Você tem essa certeza por dentro?

ROBERT
Você tem?

RICHARD
(*comovido*) Um dia eu tive, Robert: uma certeza tão luminosa quanto a da minha própria existência — ou uma ilusão tão luminosa.

ROBERT
(*cautelosamente*) E agora?

RICHARD
Se você tivesse e eu conseguisse sentir que você tinha — mesmo agora...

ROBERT
Você faria o quê?

SEGUNDO ATO

RICHARD
(*com tranquilidade*) Iria embora. Você, e não eu, seria necessário para ela. Sozinho como eu estava antes de conhecê-la.

ROBERT
(*esfrega as mãos nervosamente*) Belo fardo para a minha consciência!

RICHARD
(*absorto*) Você encontrou o meu filho quando esteve lá em casa à tarde. Ele me disse. O que você sentiu?

ROBERT
(*sem titubear*) Prazer.

RICHARD
Mais nada?

ROBERT
Mais nada. A não ser que eu tenha pensado duas coisas ao mesmo tempo. Eu sou assim. Se o meu melhor amigo estivesse no caixão com uma expressão engraçada no rosto, eu ia rir. (*com um pequeno gesto de desespero*) Eu sou assim. Mas também ia sofrer, profundamente.

RICHARD
Você estava falando de consciência... Ele te pareceu apenas uma criança — ou um anjo?

ROBERT
(*balança a cabeça*) Não. Nem anjo nem anglo-saxão.[22] Duas coisas, aliás, pelas quais eu tenho muito pouca simpatia.

RICHARD
Nunca então? Nem... com ela? Me diga. Eu quero saber.

ROBERT
Eu sinto algo diferente no coração. Acredito que no dia
final (se ele vier de fato), quando estivermos todos reuni-
dos, o Todo-Poderoso vai falar dessa maneira conosco.
Nós vamos dizer que vivemos de maneira recatada com
uma única criatura...

RICHARD
(*amargo*) Mentir para Ele?

ROBERT
Ou que tentamos. E Ele vai nos dizer: tontos! Quem foi
que disse que era para vocês se entregarem apenas a uma
criatura? Vocês foram criados para se entregar livremente
a muitas. Gravei com meu dedo essa lei no coração de
vocês.

RICHARD
No coração da mulher também?

ROBERT
Sim. É possível fechar o coração para uma afeição que
sentimos de maneira profunda? Nós devíamos fechar? E
ela, devia?

RICHARD
Nós estamos falando de união de corpos.

ROBERT
A afeição entre homem e mulher pode chegar a isso. Nós
levamos a sério demais porque a nossa cabeça é torta.
Hoje para nós isso tem a mesma relevância do que qual-
quer outra forma de contato — até mesmo de um beijo.

RICHARD
Se não tem relevância, então por que você só fica satis-

SEGUNDO ATO

feito quanto alcança esse fim? Por que estava esperando aqui nesta noite?

ROBERT
A paixão tende a ir o mais longe que ela pode ir; mas, e você pode ou não acreditar em mim, eu não tinha isso em mente — alcançar esse fim.

RICHARD
Alcance-o se puder. Não vou usar nenhuma arma contra você que o mundo ponha em minhas mãos. Se a lei que o dedo de Deus gravou no nosso coração é a lei que você diz, eu também sou uma criatura de Deus.

[*Ele se levanta e anda de um lado para outro em silêncio por alguns momentos. Depois vai na direção da varanda e se apoia no batente da porta.* ROBERT *fica olhando para ele.*]

ROBERT
Eu sempre senti. Em mim e nos outros.

RICHARD
(*distraído*) Sim?

ROBERT
(*com um gesto vago*) Por todos. Que a mulher também tem o direito de tentar com vários homens até encontrar o amor. Uma ideia imoral, não é? Eu quis escrever um livro a respeito. Cheguei a começar...

RICHARD
(*como antes*) Sim?

ROBERT
Porque conheci uma mulher que me pareceu estar fazen-

do isso — executando essa ideia em sua vida. Ela me interessou muitíssimo.

RICHARD
Quando foi isso?

ROBERT
Ah, faz muito tempo. Quando você estava fora.

[RICHARD *sai um tanto abruptamente de onde estava
e se põe a andar de novo de um lado para outro.*]

ROBERT
Está vendo? Sou mais honesto do que você achava.

RICHARD
Queria que você não tivesse pensado nela agora — seja
quem tenha sido ela ou quem for.

ROBERT
(*com leveza*) Ela era e é a esposa de um corretor de ações.

RICHARD
(*virando-se*) Você conhece o sujeito?

ROBERT
Intimamente.

[RICHARD *senta de novo no mesmo lugar e se inclina
para a frente com a cabeça nas mãos.*]

ROBERT
(*levando sua cadeira para um pouco mais perto*) Posso te
fazer uma pergunta?

RICHARD
Pode.

SEGUNDO ATO

ROBERT
(*com certa hesitação*) Será que nunca te aconteceu nesses
anos todos — quero dizer, quando você ficou longe dela,
talvez, ou viajando — de... de traí-la com outra? Traí-la,
quero dizer, não no amor. Carnalmente, quero dizer...
Isso nunca aconteceu com você?

RICHARD
Aconteceu.

ROBERT
E o que você fez?

RICHARD
(*como antes*) Eu me lembro da primeira vez. Cheguei em
casa. Era noite. Minha casa estava em silêncio. Meu fi-
lho dormia no berço. Ela também estava dormindo. Eu a
acordei e contei. Chorei ao pé da cama dela; e rasguei seu
coração.

ROBERT
Ah, Richard, por que você fez uma coisa dessa?

RICHARD
Traí-la?

ROBERT
Não. Contar para ela, fazê-la acordar para ouvir. Rasgar
o coração dela.

RICHARD
Ela precisa me conhecer como eu sou.

ROBERT
Mas isso não é você. Um momento de fraqueza.

RICHARD
(*perdido em pensamentos*) Eu estava alimentando a chama da inocência dela com a minha culpa.

ROBERT
(*bruscamente*) Ah, não me venha falar de culpa e de inocência. Você fez dela o que ela é. Uma personalidade estranha e maravilhosa — aos meus olhos, pelo menos.

RICHARD
(*lúgubre*) Ou a matei.

ROBERT
Matou?

RICHARD
A virgindade da alma dela.

ROBERT
(*impaciente*) E já foi tarde! O que ela seria sem você?

RICHARD
Eu tentei dar a ela uma nova vida.

ROBERT
E deu. Uma vida nova e rica.

RICHARD
E vale o que eu tirei dela? A juventude, o riso, a beleza fresca, as esperanças que moravam naquele coração jovem?

ROBERT
(*com firmeza*) Vale. Vale muito. (*olha para* RICHARD *em silêncio por alguns instantes*) Se você a tivesse negligenciado, vivido de maneira irresponsável, tirado ela daqui só para fazê-la sofrer...

SEGUNDO ATO   107

[*Ele para.* RICHARD *ergue a cabeça e olha para ele.*]

RICHARD
Se eu tivesse?

ROBERT
(*levemente confuso*) Você sabe que correram alguns boatos sobre a vida de vocês no exterior — de uma vida irresponsável. Pessoas que te conheciam ou que te viram ou ficaram sabendo de coisas em Roma. Boatos mentirosos.

RICHARD
(*com frieza*) Continue.

ROBERT
(*ri de modo um pouco rude*) Até eu cheguei a pensar nela como uma vítima. (*suavemente*) E é claro, Richard, que eu sentia e sabia o tempo todo que você era um homem de grande talento — alguém com mais do que talento. Essa era a sua desculpa — e era válida aos meus olhos.

RICHARD
Você já pensou que talvez seja agora — neste momento — que a estou negligenciando? (*nervoso, junta as mãos e se inclina na direção de* ROBERT) Eu ainda posso ficar calado. E ela enfim pode ceder a você — totalmente, e muitas vezes.

ROBERT
(*afasta-se imediatamente*) Meu caro Richard, meu querido amigo, juro que eu seria incapaz de te fazer sofrer.

RICHARD
(*continuando*) Você então pode conhecer de corpo e alma, de centenas de formas, e sempre e sem parar, o que

um antigo teólogo, Duns Scotus,[23] acho, chamou de morte do espírito.

ROBERT

(*ansioso*) Morte. Não; é afirmação! Morte! O supremo instante vital de que procede toda a vida futura, a eterna lei da própria natureza.

RICHARD

E aquela outra lei da natureza, como você diz: mudança. Como será quando você se virar contra ela e contra mim; quando a beleza dela, ou o que agora te parece beleza, cansá-lo, e quando meu afeto por você te parecer falso e odioso?

ROBERT

Isso nunca vai acontecer. Nunca.

RICHARD

E você se virar até contra si próprio por ter me conhecido ou se relacionado comigo e com ela?

ROBERT

(*sério*) Nunca vai ser assim, Richard. Pode ter certeza.

RICHARD

(*com desdém*) Se vai ou não ser assim, é algo que me incomoda muito pouco, porque tenho muito mais medo de outra coisa.

ROBERT

(*balança a cabeça*) Você com medo? Não acredito, Richard. Desde a nossa infância eu acompanho a sua mente. Você não sabe o que é o medo moral.

RICHARD

(*põe a mão no braço dele*) Escute. Ela está morta. Está

SEGUNDO ATO

estendida na minha cama. Eu olho para o corpo dela que
traí — grosseiramente e muitas vezes. E que amei tam-
bém, e que me fez chorar. Sei que o corpo dela foi sempre
meu escravo leal. Para mim, somente para mim ela entre-
gou... (*interrompe-se e vira o rosto, incapaz de falar*)

ROBERT
(*baixinho*) Não sofra, Richard. Não há necessidade. Ela
é leal a você, de corpo e alma. Por que está com medo?

RICHARD
(*vira-se para ele, quase com fúria*) Não esse medo. Mas de
que eu venha a me censurar por ter ficado com tudo para
mim porque não suportava que ela entregasse a outro o
que lhe pertencia, e não a mim, porque aceitei sua lealdade
e tornei sua vida mais pobre de amor. Esse é o meu medo.
De que eu fique entre ela e algum momento da vida que de-
veria pertencer a ela, que eu fique entre ela e você, entre ela
e qualquer um, entre ela e qualquer coisa. Não farei uma
coisa dessa. Não posso e não vou. Não ouso.

[*Ele se reclina sem fôlego na cadeira, olhos brilhantes.*
ROBERT *se levanta em silêncio e se põe atrás de sua
cadeira.*]

ROBERT
Veja bem, Richard. Nós já dissemos tudo que havia para
dizer. Vamos deixar o passado para trás.

RICHARD
(*apressada e asperamente*) Espere. Só mais uma coisa.
Você também precisa me conhecer como eu sou — agora.

ROBERT
Mais? Tem mais?

RICHARD
Eu disse que quando vi seus olhos hoje à tarde fiquei triste. A sua humildade e a sua confusão, foi o que eu senti, nos uniam como irmãos. (*vira-se para o outro*) Naquele momento senti a nossa vida toda juntos no passado e quis passar meu braço em seu ombro.

ROBERT
(*profunda e repentinamente emocionado*) É nobre da sua parte, Richard, me perdoar assim.

RICHARD
(*lutando consigo mesmo*) Eu te disse que queria que você não tivesse mais atitudes falsas nem secretas comigo — contra a nossa amizade, contra Bertha; que não a roubasse de mim de maneira ardilosa, secreta, maldosa — no escuro, na noite — você, Robert, meu amigo.

ROBERT
Eu sei. Foi nobre da sua parte.

RICHARD
(*olha para ele com um olhar firme*) Não. Nobre, não. Ignóbil.

ROBERT
(*com um movimento involuntário*) Como? Por quê?

RICHARD
(*desvia os olhos novamente; em voz mais baixa*) É o que preciso te contar também. Bem no fundo do meu coração ignóbil eu quis ser traído por você e por ela — no escuro, na noite — de maneira secreta, maldosa, ardilosa. Por você, meu melhor amigo, e por ela. Eu desejava essa situação, passional e ignóbil, ficar para sempre desonrado pelo amor e pela luxúria, ser...

SEGUNDO ATO

ROBERT
(*curvando-se, coloca as mãos sobre a boca de* RICHARD)
Chega. Chega. (*tira as mãos*) Mas não. Continue.

RICHARD
Ser para sempre uma criatura da vergonha e reconstruir a
minha alma sobre as ruínas dessa vergonha.

ROBERT
Por isso você queria que ela...

RICHARD
(*calmo*) Ela sempre falou da inocência dela, como eu sempre falei da minha culpa, me rebaixando.

ROBERT
Por orgulho então?

RICHARD
Por orgulho e por um desejo ignóbil. E por um motivo
ainda mais profundo.

ROBERT
(*com determinação*) Eu te entendo.

[*Ele volta para o seu lugar e começa a falar, puxando
a cadeira mais para perto.*]

ROBERT
Não pode bem ser que nós estejamos aqui e agora diante de um momento que há de nos libertar — a mim e a
você — dos últimos laços do que se chama de moralidade?
A amizade que tenho por você me prendeu em seus laços.

RICHARD
Laços leves, ao que parece.

ROBERT

Eu agi no escuro, em segredo. Não farei mais isso. Você tem a coragem de me permitir uma livre ação?

RICHARD

Um duelo — entre nós?

ROBERT

(*cada vez mais agitado*) Uma batalha entre as nossas almas, com todas as suas diferenças, contra tudo que é falso nelas e no mundo. Uma batalha da sua alma contra o espectro da fidelidade, da minha contra o espectro da amizade. A vida toda é uma conquista, a vitória da paixão humana sobre os mandamentos da covardia. Você aceita, Richard? Você tem essa coragem? Mesmo que isso atomize a amizade que existe entre nós, mesmo que estilhace para sempre a última ilusão da sua própria vida? Havia uma eternidade antes de nascermos: virá outra depois que morrermos. Apenas o instante cego da paixão — da paixão livre, desavergonhada, irresistível —, é esse o único portal que permite fugir da miséria daquilo que os escravos chamam de vida. Não é essa a linguagem da sua juventude, que tantas vezes ouvi de você neste mesmíssimo lugar em que estamos agora? Você mudou?

RICHARD

(*passa a mão pela testa*) Sim. É a linguagem da minha juventude.

ROBERT

(*ansioso, intenso*) Richard, você me trouxe a este ponto. Ela e eu apenas obedecemos à sua vontade. Foi você quem despertou essas palavras no meu cérebro. As suas próprias palavras. Vamos. Em liberdade? Juntos?

SEGUNDO ATO

RICHARD
(*controlando a emoção*) Juntos não. Enfrente sozinho a
sua luta. Eu não vou te libertar. Deixe que eu enfrente a
minha.

ROBERT
(*levanta-se, decidido*) Você me autoriza, então?

RICHARD
(*também se levanta, calmamente*) Se liberte sozinho.

[*Alguém bate na porta da entrada.*]

ROBERT
(*assustado*) O que isso significa?

RICHARD
(*calmo*) Bertha, obviamente. Não pediu para ela vir?

ROBERT
Sim, mas... (*olhando em volta*) Então eu vou embora,
Richard.

RICHARD
Não. Eu vou embora.

ROBERT
(*desesperado*) Richard, eu te peço. Me deixe sair daqui.
Acabou. Ela é sua. Fique com ela para você e me per-
doem, os dois.

RICHARD
Porque você é suficientemente generoso para me permitir
isso?

ROBERT
(*irritado*) Richard, você vai me deixar com raiva de você se disser uma coisa dessa.

RICHARD
Com ou sem raiva, eu não vou viver da sua generosidade. Você pediu para ela te encontrar hoje aqui, a sós. Resolvam a questão entre vocês.

ROBERT
(*prontamente*) Abra a porta. Eu vou esperar no jardim. (*vai na direção da varanda*) Explique a ela, Richard, como você puder. Eu não posso falar com ela agora.

RICHARD
Eu vou embora. Estou te dizendo. Espere lá fora se quiser.

[*Ele sai pela porta da direita.* ROBERT *sai apressado pela varanda, mas volta no mesmo instante.*]

ROBERT
O guarda-chuva! (*com um gesto súbito*) Ah!

[*Ele sai novamente pela varanda. Ouve-se a porta da entrada abrindo e se fechando.* RICHARD *entra, seguido por* BERTHA, *que usa um traje marrom-escuro e um pequeno chapéu bordô. Ela não traz um guarda-chuva nem está com um impermeável.*]

RICHARD
(*animado*) Bem-vinda outra vez à velha Irlanda!

BERTHA
(*nervosa, séria*) É este o lugar?

SEGUNDO ATO

RICHARD
Sim, é aqui. Como você fez para achar?

BERTHA
Falei com o motorneiro. Não quis ficar perguntando. (*olhando em volta, curiosa*) Ele não estava esperando? Foi embora?

RICHARD
(*aponta para o jardim*) Está esperando lá fora. Estava esperando quando eu cheguei.

BERTHA
(*controlada*) Viu? Você acabou vindo.

RICHARD
Você achou que eu não viria?

BERTHA
Eu sabia que você não ia se manter afastado. Sabe, no fim você é igual a todos os homens. Tinha que vir. Você tem ciúme como os outros.

RICHARD
Você parece irritada por me encontrar aqui.

BERTHA
O que aconteceu entre vocês?

RICHARD
Eu disse que sabia de tudo, que sabia fazia muito tempo. Ele perguntou como. Eu disse que através de você.

BERTHA
Ele me odeia?

RICHARD
Eu não posso ler o coração dele.

BERTHA
(*senta, desconsolada*) Sim. Ele me odeia. Acha que eu o fiz de bobo — que o traí. Eu sabia que ele ia achar.

RICHARD
Eu disse que você foi sincera com ele.

BERTHA
Ele não acredita. Ninguém iria acreditar. Devia ter contado a ele primeiro — não a você.

RICHARD
Achei que ele fosse um ladrãozinho comum, disposto até a empregar violência contra você. Eu tinha que te proteger disso.

BERTHA
Isso eu podia ter feito sozinha.

RICHARD
Tem certeza?

BERTHA
Bastava dizer que você sabia que eu estava aqui. Agora não posso descobrir mais nada. Ele me odeia. E com razão. Eu o tratei mal, de um modo vergonhoso.

RICHARD
(*segura a mão dela*) Bertha, olhe para mim.

BERTHA
(*vira-se para ele*) O quê?

SEGUNDO ATO

RICHARD
(*olha no fundo dos olhos de* BERTHA *e depois solta a mão dela*) Eu também não posso ler seu coração.

BERTHA
(*ainda olhando para ele*) Você não podia ficar longe. Não confia em mim? Você pode ver que eu estou bem calma. Eu podia ter escondido tudo de você.

RICHARD
Duvido.

BERTHA
(*jogando de leve a cabeça para trás*) Ah, seria fácil se eu quisesse.

RICHARD
(*lúgubre*) Talvez você agora lamente não ter feito desse modo.

BERTHA
Talvez.

RICHARD
(*desagradável*) Como você foi tola por me contar! Teria sido muito bom se tivesse mantido segredo.

BERTHA
Como você faz, não é?

RICHARD
Sim, como eu faço. (*vira-se para sair*) Adeus por enquanto.

BERTHA
(*assustada, se levanta*) Você vai embora?

RICHARD
Claro. Meu papel acabou aqui.

BERTHA
Você vai atrás dela, imagino?

RICHARD
(*atônito*) De quem?

BERTHA
Sua Senhoria. Imagino que esteja tudo planejado para você ter uma boa oportunidade. De se encontrar com ela e ter uma conversa intelectual!

RICHARD
(*com uma explosão de raiva descontrolada*) Vou me encontrar é com o diabo que me carregue!

BERTHA
(*solta o alfinete do chapéu e senta*) Pois muito bem. Pode ir. Agora eu sei o que fazer.

RICHARD
(*volta, aproxima-se dela*) Você não acredita numa única palavra do que está dizendo.

BERTHA
(*calma*) Pode ir. Está esperando o quê?

RICHARD
Então você veio até aqui e o encorajou por minha causa. É isso?

BERTHA
Em toda essa história só há uma pessoa que não é burra. Você. Eu sou. E ele também.

SEGUNDO ATO

RICHARD
(*continuando*) Se isso é verdade, então de fato você o tratou de maneira má e vergonhosa.

BERTHA
(*aponta para ele*) Sim. Mas por culpa sua. E vou acabar com isso agora. Eu, para você, sou apenas um instrumento. Você não tem respeito por mim. Nunca teve por eu ter feito o que fiz.

RICHARD
E ele tem respeito?

BERTHA
Ele tem. De todas as pessoas que encontrei na minha volta, é o único que tem. E ele sabe o que os outros só suspeitam. Por isso gostei dele desde o início, e ainda gosto. Ela é que me respeita muito! Por que você não pediu para ela ir embora com você nove anos atrás?

RICHARD
Você sabe por quê, Bertha. Pergunte a si mesma.

BERTHA
Sim, eu sei por quê. Você sabia a resposta que ia receber. Foi por isso.

RICHARD
Não foi por isso. Eu nem pedi para você ir.

BERTHA
Sim. Você sabia que eu iria, pedindo ou não. Eu faço coisas. Mas se faço uma coisa, posso fazer duas. Se já fiz a fama, posso deitar na cama.

RICHARD
(*cada vez mais agitado*) Bertha, eu aceito o que tem de ser. Confiei em você. E vou confiar.

BERTHA
Para ter isso contra mim. Para me abandonar depois. (*quase apaixonadamente*) Por que então você não me defende dele? Por que agora me deixa aqui sem dizer uma palavra? Dick, meu Deus, diga o que você quer que eu faça!

RICHARD
Eu não posso, querida. (*lutando internamente*) É o seu coração que vai te dizer. (*segura as mãos dela*) Sinto um deleite louco na alma, Bertha, quando olho para você. Eu te vejo como você é. O fato de eu ter chegado primeiro à sua vida ou antes dele — pode não ser nada para você. Você pode ser mais dele que minha.

BERTHA
Não sou. Só que também sinto pena dele.

RICHARD
Eu também. Você pode ser dele e minha. Vou confiar em você, Bertha, e nele também. Eu preciso. Não posso odiá-lo por ele a ter tido nos braços. Você nos aproximou. Há alguma coisa mais sábia do que a sabedoria em seu coração. Quem sou eu para me chamar de dono do seu coração ou do coração de qualquer outra mulher? Bertha, ame-o, seja dele, entregue-se a ele se você deseja — ou se puder.

BERTHA
(*num devaneio*) Eu vou ficar.

RICHARD
Adeus.

SEGUNDO ATO

[*Ele solta a mão dela e sai rapidamente pela direita.* BERTHA *fica sentada. Depois se levanta e caminha com timidez até a varanda. Para junto à porta e depois de certa hesitação chama na direção do jardim.*]

BERTHA
Tem alguém aí?

[*Ao mesmo tempo ela recua para o centro do cômodo. Em seguida chama de novo da mesma maneira.*]

BERTHA
Tem alguém aí?

[ROBERT *aparece na porta aberta que leva ao jardim. Está com o paletó abotoado e a gola erguida. Ele segura o batente com as mãos, de leve, e espera até que* BERTHA *o veja.*]

BERTHA
(*percebendo sua presença, se assusta; depois com suavidade*) Robert!

ROBERT
Você está sozinha?

BERTHA
Estou.

ROBERT
(*olhando para a porta da direita*) Cadê ele?

BERTHA
Foi embora. (*nervosa*) Você me assustou. De onde você veio?

ROBERT
(*indica com a cabeça*) Lá de fora. Ele não te disse que eu estava ali — esperando?

BERTHA
(*rápida*) Disse, disse sim. Mas fiquei com medo, aqui sozinha. Com a porta aberta, esperando. (*vai até a mesa e descansa a mão no canto do móvel*) Por que você está parado assim aí na porta?

ROBERT
Por quê? Eu também estou com medo.

BERTHA
Do quê?

ROBERT
De você.

BERTHA
(*baixa os olhos*) Você me odeia agora?

ROBERT
Eu tenho medo de você. (*juntando as mãos nas costas, tranquilo, mas com certo tom de desafio*) Medo de uma nova tortura — de uma nova armadilha.

BERTHA
(*como antes*) Do que você está me acusando?

ROBERT
(*adianta-se alguns passos, para; depois impulsivamente*) Por que você me incentivou? Dia após dia, cada vez mais. Por que não me deteve? Você podia — com uma simples palavra. Mas nem mesmo uma palavra! Esqueci de mim mesmo, e dele. Você viu. Viu que eu estava

SEGUNDO ATO

me destruindo aos olhos dele, perdendo a amizade dele.
Você queria isso?

BERTHA
(*erguendo os olhos*) Você nunca me perguntou.

ROBERT
Nunca perguntei o quê?

BERTHA
Se ele suspeitava — ou sabia.

ROBERT
E você teria me contado?

BERTHA
Sim.

ROBERT
(*hesitante*) Você contou a ele... tudo?

BERTHA
Contei.

ROBERT
Eu estou falando de... detalhes.

BERTHA
Tudo.

ROBERT
(*com um sorriso forçado*) Sei. Você estava conduzindo
um experimento para ele. Comigo. Bem, por que não?
Parece que eu fui uma boa cobaia. Ainda assim, foi um
tanto cruel da sua parte.

BERTHA
Tente me entender, Robert. Você precisa tentar.

ROBERT
(*com um gesto educado*) Bom, vou tentar.

BERTHA
Por que você continua aí parado na porta? Estou ficando nervosa de te olhar.

ROBERT
Estou tentando entender. E estou com medo.

BERTHA
(*estende a mão*) Não precisa ter medo.

[ROBERT *vai rapidamente até ela e pega sua mão.*]

ROBERT
(*acanhado*) Vocês riam de mim — juntos? (*retirando a mão*) Mas agora preciso me comportar, senão vocês podem rir de mim de novo — hoje à noite.

BERTHA
(*perturbada, põe a mão no braço dele*) Por favor, me escute, Robert... Mas você está todo molhado, encharcado! (*passa a mão no paletó dele*) Ah, coitado! Ficou na chuva esse tempo todo! Esqueci esse detalhe.

ROBERT
(*ri*) Sim, você esqueceu de como estava o clima.

BERTHA
Mas você está encharcado de verdade. Precisa trocar de paletó.

SEGUNDO ATO

ROBERT
(*segura as mãos dela*) Me diga, é pena, então, o que você sente por mim, como ele — como Richard — diz?

BERTHA
Por favor, troque de paletó, Robert, estou pedindo. Você pode pegar um resfriado bem forte. Faça isso, por favor.

ROBERT
Que diferença faria agora?

BERTHA
(*olhando em volta*) Onde você guarda as suas roupas aqui?

ROBERT
(*aponta para a porta dos fundos*) Ali. Devo ter um paletó aqui. (*maliciosamente*) No meu quarto.

BERTHA
Pois então vá tirar esse paletó.

ROBERT
E você?

BERTHA
Eu fico aqui te esperando.

ROBERT
Você ordena que eu vá?

BERTHA
(*rindo*) Sim, eu ordeno.

ROBERT
(*sem titubear*) Então eu vou. (*vai rapidamente na di-*

reção da porta do quarto; então se vira) Você não vai embora?

BERTHA
Não, eu fico esperando. Mas não demore.

ROBERT
Só um minutinho.

[*Ele entra no quarto e não fecha a porta.* BERTHA *olha curiosamente em torno e depois, indecisa, dá uma olhada para a porta do fundo.*]

ROBERT
(*no quarto*) Você não foi embora?

BERTHA
Não.

ROBERT
Eu estou no escuro aqui. Tenho que acender a luminária.

[*Ouve-se que ele acende um fósforo e coloca a cúpula de vidro na luminária. Uma luz rosada vem da porta.* BERTHA *olha rapidamente para o relógio em sua pulseira e depois senta-se à mesa.*]

ROBERT
(*como antes*) Gostou do efeito da luz?

BERTHA
Gostei, sim.

ROBERT
Você consegue admirar o efeito de onde você está?

SEGUNDO ATO 127

BERTHA
Consigo, perfeitamente.

ROBERT
Foi para você.

BERTHA
(*confusa*) Eu não mereço nem isso.

ROBERT
(*de maneira articulada, ríspida*) Trabalhos de amor perdidos.[24]

BERTHA
(*levantando-se, nervosa*) Robert!

ROBERT
Sim.

BERTHA
Venha rápido aqui! Rápido!

ROBERT
Já estou pronto.

[*Ele aparece à porta, trajando um paletó de veludo verde-escuro. Vendo sua agitação, ele vai rápido até ela.*]

ROBERT
O que foi, Bertha?

BERTHA
(*trêmula*) Fiquei com medo.

ROBERT
De ficar sozinha?

BERTHA

(*segura as mãos dele*) Você sabe do que eu estou falando.
Os meus nervos estão em frangalhos.

ROBERT

De que eu...?

BERTHA

Prometa, Robert, que não vai nem pensar numa coisa
dessa. Nunca. Se você gosta um pouco que seja de mim.
Naquele momento eu pensei...

ROBERT

Que ideia!

BERTHA

Mas prometa, se gosta de mim.

ROBERT

Se eu gosto de você, Bertha! Prometo. Claro que prometo.
Você está tremendo toda.

BERTHA

Deixe eu sentar em algum lugar. Já vai passar.

ROBERT

Minha pobre Bertha! Sente-se aqui. Venha.

> [*Ele a leva até uma cadeira perto da mesa. Ela senta.
> Ele fica de pé a seu lado.*]

ROBERT

(*depois de uma breve pausa*) Passou?

BERTHA

Passou. Foi só um momento. Fui muito boba. Fiquei com
medo de... queria te ver perto de mim.

SEGUNDO ATO

ROBERT
Medo de... do que você me fez prometer sem pensar?

BERTHA
Sim.

ROBERT
(*penetrante*) Ou de outra coisa?

BERTHA
(*perdida*) Robert, eu tive medo de alguma coisa. Não sei bem do quê.

ROBERT
E agora?

BERTHA
Agora você está aqui. Eu posso te ver. Agora passou.

ROBERT
(*resignado*) Passou. Sim. Trabalhos de amor perdidos.

BERTHA
(*olha para ele*) Escute, Robert. Quero te explicar tudo isso. Eu não podia enganar o Dick. Nunca. Em nada. Contei tudo para ele — desde o começo. Depois aquilo foi se prolongando; mesmo assim você não abriu a boca nem me perguntou. Eu queria que você perguntasse.

ROBERT
Isso é verdade, Bertha?

BERTHA
É, porque me incomodava você poder pensar que eu era como... como as outras que eu imagino que você tenha conhecido desse jeito. Acho que o Dick também tem razão. Segredos para quê?

ROBERT
(*delicadamente*) Ainda assim, segredos podem ter seu sabor. Não podem?

BERTHA
(*sorri*) Podem, eu sei que podem. Mas, sabe, eu não podia esconder do Dick. Além do mais, para quê? Essas coisas sempre acabam aparecendo. Não é melhor as pessoas ficarem sabendo?

ROBERT
(*com delicadeza e certa timidez*) Como é que você conseguiu, Bertha, contar tudo a ele? E contou mesmo? Absolutamente tudo que se passou entre nós?

BERTHA
Sim. Tudo que ele perguntou.

ROBERT
E ele perguntou... muita coisa?

BERTHA
Você sabe como ele é. Ele faz perguntas sobre tudo. A torto e a direito.

ROBERT
Sobre o nosso beijo também?

BERTHA
Claro. Contei tudo.

ROBERT
(*balança devagar a cabeça*) Que pessoazinha incrível. Você não ficou com vergonha?

BERTHA
Não.

SEGUNDO ATO

ROBERT
Nem um pouco?

BERTHA
Não. Por quê? Isso é muito terrível?

ROBERT
E como ele encarou? Me diga. Eu também quero saber tudo.

BERTHA
(*ri*) Ele ficou excitado. Mais do que o normal.

ROBERT
Por quê? Ele é excitável... ainda?

BERTHA
(*sardônica*) Sim, muito. Quando não está perdido na filosofia.

ROBERT
Mais do que eu?

BERTHA
Mais do que você? (*refletindo*) Como eu posso responder? Acho que vocês dois são.

[ROBERT *desvia o rosto e olha na direção da varanda, passando pensativamente a mão, uma ou duas vezes, pelo cabelo.*]

BERTHA
(*com cuidado*) Você está bravo comigo de novo?

ROBERT
(*rabugento*) Você é que está comigo.

BERTHA
Não, Robert. Por que eu estaria?

ROBERT
Porque eu te pedi para vir a este lugar. Tentei preparar a casa para você. (*aponta vagamente para uma e outra coisa*) Uma sensação de quietude.

BERTHA
(*tocando o paletó dele com a ponta dos dedos*) E isto aqui também. O seu belo casaco de veludo.

ROBERT
Também. Não vou guardar segredos.

BERTHA
Você me lembra alguém de uma pintura. Gostei de te ver assim... Mas você não está com fome, está?

ROBERT
(*lúgubre*) Estou. Foi um erro meu. Pedir que você viesse aqui. Percebi isso no momento em que te olhei lá do jardim e vi você — você, Bertha — parada aqui. (*desamparado*) Mas o que eu podia fazer?

BERTHA
(*tranquilamente*) Isso porque outras já estiveram aqui?

ROBERT
Sim.

> [*Ele dá alguns passos e se afasta dela. Uma rajada de vento faz tremular a luz da luminária da mesa. Ele diminui um pouco o pavio.*]

SEGUNDO ATO

BERTHA
(*acompanhando-o com o olhar*) Mas eu sabia antes de vir. Não estou com raiva de você por causa disso.

ROBERT
(*dá de ombros*) Afinal de contas, por que você ficaria com raiva de mim? Você não tem raiva nem dele — pela mesma coisa, ou pior.

BERTHA
Ele mesmo te falou disso?

ROBERT
Foi. Ele me contou. Todos se confessam uns com os outros aqui. O que vai vem.

BERTHA
Eu tento esquecer.

ROBERT
Isso não te incomoda?

BERTHA
Agora não. Só que eu não gosto de ficar pensando nisso.

ROBERT
É simplesmente uma coisa animalesca, então? De pouca importância?

BERTHA
Não me incomoda — agora.

ROBERT
(*olhando para ela por sobre o ombro*) Mas há uma coisa que te incomodaria muito e que você não tentaria esquecer.

BERTHA
O quê?

ROBERT
(*virando-se para ela*) Se fosse não apenas uma coisa animalesca — com essa ou aquela pessoa — por poucos momentos. Se fosse algo refinado e espiritual — com apenas uma pessoa — com uma única mulher. (*sorri*) E talvez animalesco também. Normalmente acaba chegando a isso. Você tentaria esquecer e perdoar?

BERTHA
(*brincando com a pulseira*) Me incomodaria em quem?

ROBERT
Em qualquer um. Em mim.

BERTHA
(*calmamente*) Você está falando do Dick.

ROBERT
Eu disse em mim. Mas você ia tentar?

BERTHA
Você acha que eu ia me vingar? Por acaso Dick não é livre também?

ROBERT
(*aponta para ela*) Isso não vem do seu coração, Bertha.

BERTHA
(*altiva*) Vem, vem sim; ele que seja livre também. Ele também me deixa livre.

ROBERT
(*insistente*) E você sabe por quê? E entende? E gosta? E

SEGUNDO ATO

quer ser? Isso te faz feliz? E te fez feliz? Sempre? Esse presente, essa liberdade que ele te deu... há nove anos?

BERTHA
(*encarando-o de olhos arregalados*) Mas por que você está me fazendo tantas perguntas, Robert?

ROBERT
(*estende as mãos para ela*) Porque nesse caso eu teria outro presente para te oferecer, um presente comum, simples — como eu. Se você quiser saber, eu te conto.

BERTHA
(*olhando para o relógio*) O passado é passado, Robert. Acho melhor eu ir agora. São quase nove horas.

ROBERT
(*impetuosamente*) Não, não. Ainda não. Ainda há mais uma confissão. Temos o direito de falar.

[*Ele passa rapidamente pela frente da mesa e senta ao lado dela.*]

BERTHA
(*virando-se para ele, põe a mão esquerda em seu ombro*) Sim, Robert. Eu sei que você gosta de mim. Não precisa me dizer. (*bondosa*) Não precisa confessar mais nada hoje.

[*Uma rajada de vento entra pela varanda, com o som de farfalhar das folhas. A luminária bruxuleia rapidamente.*]

BERTHA
(*apontando por sobre o ombro dele*) Olhe! Está alto demais.

[*Sem se levantar, ele se inclina ligeiramente para a mesa e diminui mais o pavio. A sala está na semiescuridão. A luz entra com mais força pela porta do quarto.*]

ROBERT

O vento está aumentando. Vou fechar aquela porta.

BERTHA

(*ouvindo*) Não, ainda está chovendo. Foi só uma rajada.

ROBERT

(*toca o ombro dela*) Me diga se o ar estiver frio demais para você. (*fazendo menção de se levantar*) Vou fechar.

BERTHA

(*detendo-o*) Não. Eu não estou com frio. Além disso, eu já vou indo, Robert. Preciso ir.

ROBERT

(*com firmeza*) Não, não. Você não *precisa* fazer nada agora. Nós fomos deixados aqui para isso. E você está errada, Bertha. O passado não é passado. Ele está presente aqui e agora. O que eu sinto por você é o mesmo agora e antes, porque antes... você desdenhou esse sentimento.

BERTHA

Não, Robert. Não é verdade.

ROBERT

(*continuando*) Desdenhou, sim. Foi algo que eu senti, sem saber, durante esses anos todos — até agora. Mesmo enquanto eu vivia o tipo de vida que você conhece e no qual não gosta de pensar — o tipo de vida a que você me condenou.

SEGUNDO ATO

BERTHA
Eu?

ROBERT
Sim, quando você desdenhou o presente simples e comum
que eu tinha a te oferecer — e em vez disso aceitou o dele.

BERTHA
(*olhando para ele*) Mas você nunca...

ROBERT
Não. Porque você tinha escolhido a ele. Eu percebi. Percebi
na primeira noite em que nos vimos, os três juntos. Por que
você o escolheu?

BERTHA
(*curva a cabeça*) Isso não é o amor?

ROBERT
(*continuando*) E toda noite, quando nós dois — ele e eu —
íamos até aquela esquina para te ver, eu via e sentia. Lem-
bra da esquina, Bertha?

BERTHA
(*como antes*) Lembro.

ROBERT
E quando você e ele iam dar uma volta juntos e eu se-
guia sozinho pela rua, eu sentia. E quando ele me fala-
va de você, e quando me disse que ia embora — sobre-
tudo ali.

BERTHA
Por que sobretudo ali?

ROBERT

Porque foi ali que eu fui culpado da minha primeira traição a ele.

BERTHA

Robert, do que você está falando? A sua primeira traição ao Dick?

ROBERT

(*concorda com a cabeça*) E não a última. Ele estava falando de você e dele. De como seria a vida de vocês dois — livres e tudo mais. Livres, sim! Ele nem te perguntou se você queria ir com ele. (*amargo*) Não perguntou. E você foi mesmo assim.

BERTHA

Eu queria estar com ele. Você sabe... (*erguendo a cabeça e olhando para ele*) Você sabe como nós éramos naquela época — o Dick e eu.

ROBERT

(*sem prestar atenção*) Eu o aconselhei a ir sozinho — a não te levar junto —, a viver sozinho para ver se o que sentia por você era uma coisa passageira que poderia acabar com a sua felicidade e com a carreira dele.

BERTHA

Bem, Robert. Isso foi cruel da sua parte, comigo. Mas eu te perdoo, porque você estava pensando na felicidade dele e na minha.

ROBERT

(*inclinando-se para mais perto dela*) Não, Bertha, eu não estava. Foi essa a minha traição. Eu estava pensando em mim — pensando que você podia desistir dele quando ele estivesse longe, e ele, de você. Aí eu teria te oferecido

SEGUNDO ATO

o meu presente. Agora você sabe o que era. O presente comum e simples que os homens oferecem às mulheres. Talvez não fosse o melhor. Melhor ou pior, teria sido seu.

BERTHA
(*desviando o rosto*) Ele não aceitou o seu conselho.

ROBERT
(*como antes*) Não. E na noite em que vocês fugiram juntos — ah, como fiquei feliz!

BERTHA
(*segurando as mãos dele*) Fique calmo, Robert. Eu sei que você sempre gostou de mim. Por que não me esqueceu?

ROBERT
(*sorri com amargura*) Como fiquei feliz enquanto eu voltava pelo cais e via lá longe o barco iluminado que descia o rio escuro, levando você para longe de mim! (*num tom mais calmo*) Mas por que você o escolheu? Não gostava nem um pouco de mim?

BERTHA
Gostava. Gostava porque você era amigo dele. Vivíamos falando de você. O tempo todo. Toda vez que você escrevia ou mandava jornais ou livros para o Dick. E ainda gosto de você, Robert. (*olhando nos olhos dele*) Nunca te esqueci.

ROBERT
Nem eu te esqueci. Eu sabia que ia te ver de novo. Soube na noite em que você foi embora que você ia voltar. Por isso eu escrevi e trabalhei — para te ver de novo. Aqui.

BERTHA
E eu estou aqui. Você tinha razão.

ROBERT
(*lentamente*) Nove anos. Nove vezes mais linda!

BERTHA
(*sorrindo*) Será? O que você vê em mim?

ROBERT
(*olhando fixo para ela*) Uma senhora estranha e linda.

BERTHA
(*quase enojada*) Ah, por favor, não me chame disso!

ROBERT
(*com sinceridade*) Você é mais. Uma jovem rainha linda.

BERTHA
(*rindo subitamente*) Ah, Robert!

ROBERT
(*falando mais baixo e se inclinando para mais perto dela*) Mas você não sabe que é um ser humano lindo? Você não sabe que tem um corpo lindo? Lindo e jovem?

BERTHA
(*solene*) Um dia eu vou ficar velha.

ROBERT
(*balança a cabeça*) Eu não consigo imaginar. Hoje você é jovem e linda. Hoje você voltou para mim. (*apaixonadamente*) Quem sabe o que será do amanhã? Eu posso nunca mais te rever ou nunca mais te ver como vejo agora.

BERTHA
Isso te faria sofrer?

SEGUNDO ATO

ROBERT
(*olha pela sala sem responder*) Esta sala e esta hora foram fei-
tas para a sua chegada. Quando você se for — tudo terá ido.

BERTHA
(*ansiosa*) Mas você vai me ver de novo, Robert... como
antes.

ROBERT
(*olha em cheio para ela*) Para fazer com que ele — Ri-
chard — sofra.

BERTHA
Ele não sofre.

ROBERT
(*baixando a cabeça*) Sofre. Sofre, sim.

BERTHA
Ele sabe que você e eu nos gostamos. Há algum mal?

ROBERT
(*levantando a cabeça*) Não, nenhum mal. Por que não po-
deríamos? Ele ainda não sabe o que eu sinto. Ele nos dei-
xou sozinhos aqui esta noite, a esta hora, porque deseja
saber — ele deseja ser libertado.

BERTHA
Do quê?

ROBERT
(*aproxima-se mais dela e aperta seu braço enquanto fala*)
De toda e qualquer lei, Bertha, de todo e qualquer laço. A
vida inteira ele tentou se libertar. Rompeu todas as cor-
rentes, menos uma, e é esta última que estamos prestes a
romper, Bertha — você e eu.

BERTHA
(*quase inaudível*) Tem certeza?

ROBERT
(*ainda mais caloroso*) Tenho certeza de que lei nenhuma criada pelo homem é sagrada diante do impulso da paixão. (*quase com fúria*) Quem nos fez apenas para uma pessoa? É um crime contra o nosso próprio ser agirmos assim. Não há lei anterior ao impulso. Leis são para os escravos. Bertha, diga o meu nome! Deixe eu ouvir a sua voz dizer. Baixinho!

BERTHA
(*baixinho*) Robert!

ROBERT
(*põe um braço em volta dos ombros dela*) Só o impulso pela juventude e pela beleza não morre. (*aponta para a varanda*) Ouça!

BERTHA
(*assustada*) O quê?

ROBERT
A chuva caindo. Chuva de verão sobre a terra. Chuva noturna. A escuridão, o calor e a enxurrada da paixão. Hoje a terra está sendo amada — amada e possuída. Com os braços do amante em volta de si; e ela resta calada. Fale, meu amor!

BERTHA
(*súbito se inclina para a frente e ouve com atenção*) Silêncio!

ROBERT
(*ouvindo, sorri*) Nada. Ninguém. Estamos sozinhos.

SEGUNDO ATO 143

[*Uma rajada de vento sopra pela varanda e se ouve o farfalhar das folhas. A chama da luminária salta.*]

BERTHA
(*apontando para a chama*) Olhe!

ROBERT
Só o vento. Vem bastante luz do outro cômodo.

[*Ele estende a mão pela mesa e apaga a luminária. A luz que vem da porta do quarto atravessa o ponto em que eles estão. A sala está bem escura.*]

ROBERT
Você está feliz? Me diga.

BERTHA
Eu vou indo, Robert. Está muito tarde. Se dê por satisfeito.

ROBERT
(*acariciando o cabelo dela*) Ainda não, ainda não. Me diga, você me ama um pouco?

BERTHA
Eu gosto de você, Robert. Acho você bom. (*começando a se levantar*) Está satisfeito?

ROBERT
(*detendo-a, beija seu cabelo*) Não vá, Bertha! Ainda há tempo. Você também me ama? Eu esperei tanto tempo. Você ama a nós dois — ele e eu também? Ama, Bertha? A verdade! Me diga. Me diga com os olhos. Ou fale!

[*Ela não responde. No silêncio, ouve-se a chuva cair.*]

Terceiro ato

[*Sala de estar da casa de* RICHARD ROWAN *em Merrion. A porta sanfonada à direita está fechada, e também as portas duplas que dão para o jardim. As cortinas de veludo verde da janela da esquerda estão fechadas. O cômodo está na semiescuridão.*

É de manhã cedo no dia seguinte. BERTHA *está sentada à janela, olhando por entre as cortinas. Usa um vestido folgado cor de açafrão. Seu cabelo está penteado sem rigor, preso atrás das orelhas e amarrado na altura do pescoço. Está com as mãos dobradas no colo. Tem o rosto pálido e tenso.*]

[BRIGID *entra pela porta sanfonada da direita com um espanador e um pano de pó. Está prestes a atravessar a sala, mas, ao ver* BERTHA, *detém-se de repente e se persigna de modo instintivo.*]

BRIGID
Credo, madame. Quase que eu tive um treco. Por que a senhora levantou tão cedo?

BERTHA
Que horas são?

BRIGID
Passa das sete, madame. Faz tempo que a senhora está de pé?

TERCEIRO ATO 145

BERTHA
Mais ou menos.

BRIGID
(*aproximando-se dela*) Foi pesadelo que acordou a senhora?

BERTHA
Eu passei a noite acordada. Aí levantei para ver o sol nascer.

BRIGID
(*abre as portas duplas*) Está um dia lindo agora depois daquela chuvarada. (*vira-se*) Mas a senhora deve estar cansada, madame. O que é que o patrão vai dizer da senhora me fazer uma coisa dessa? (*vai até a porta do escritório e bate*) Seu Richard!

BERTHA
(*olha para ela*) Ele não está aí. Saiu faz uma hora.

BRIGID
Está lá na praia então?

BERTHA
Isso.

BRIGID
(*vai até ela e se apoia no encosto da cadeira*) A senhora está preocupada com alguma coisa, madame?

BERTHA
Não, Brigid.

BRIGID
Não se preocupe mesmo. Ele sempre foi desse jeito, sem-

pre saindo à toa sozinho para algum lugar. Ele é uma criatura esquisita, o seu Richard, sempre foi. Porque não tem cantinho dele que eu não conheça. A senhora está preocupada porque ele anda ficando ali (*aponta para o escritório*) quase a noite toda com os livros lá dele? Deixa ele em paz. Ele vai voltar. Porque ele acha que o sol brilha no rosto da senhora, madame.

BERTHA
(*triste*) Esse tempo passou.

BRIGID
(*confidencialmente*) E como eu hei de me lembrar daquele tempo — quando ele arrastava a asa pra senhora. (*senta ao lado de* BERTHA; *numa voz mais baixa*) A senhora sabia que ele me contava tudo da senhora, e nada pra mãe dele, que descanse em paz? Das suas cartas e tudo mais.

BERTHA
Como assim? Das minhas cartas para ele?

BRIGID
(*encantada*) Isso. Eu lembro direitinho dele sentado ali na mesa da cozinha, balançando as pernas e matraqueando sem parar, falando da senhora e dele e da Irlanda e de tudo quanto era travessura — pra uma velha ignorante que nem eu. Mas ele foi sempre assim. Mas se tivesse que encontrar uma pessoa das altas ele ficava ainda mais das altas que elas. (*olha de repente para* BERTHA) Mas a senhora agora está chorando? Ah, mas não chore. Tem muita coisa boa ainda pela frente.

BERTHA
Não, Brigid, esse tempo só vem uma vez na vida. O resto da vida só serve para você se lembrar desse tempo.

TERCEIRO ATO

BRIGID
(*fica calada por um momento, depois diz, bondosa*) Quer uma xícara de chá, madame? Ia fazer bem.

BERTHA
Ia mesmo. Mas o leiteiro ainda não chegou.

BRIGID
Não. O Archie me pediu para acordar ele antes do leiteiro passar. Ele vai dar uma voltinha na carroça. Mas ainda sobrou uma xícara. Eu fervo a água rapidinho. Quer um ovinho cozido também?

BERTHA
Não, obrigada.

BRIGID
Ou uma torradinha?

BERTHA
Não, Brigid, obrigada. Só uma xícara de chá.

BRIGID
(*indo até a porta sanfonada*) Não demora nada (*para, muda de direção e vai para a porta da esquerda*) Mas primeiro tenho que acordar o menino, senão vai dar rolo.

[*Ela sai pela porta da esquerda. Depois de alguns momentos* BERTHA *se levanta e vai até o escritório. Abre bem a porta e olha para dentro. Pode-se ver um cômodo pequeno e desorganizado com muitas estantes de livros e uma grande escrivaninha com papéis e uma luminária apagada, e diante dela uma poltrona. Ela fica parada à porta por algum tempo, depois fecha a porta sem entrar no cômodo. Volta para sua cadeira junto da janela e senta.* ARCHIE, *vestido como antes, entra pela porta da direita, seguido por* BRIGID.]

ARCHIE
(*vai até ela e, erguendo o rosto para ganhar um beijo, diz*)
Buon giorno, mamãe!

BERTHA
(*dando-lhe um beijo*) *Buon giorno*, Archie! (*para* BRIGID)
Você pôs outra blusa nele, por baixo desta?

BRIGID
Ele não deixou, madame.

ARCHIE
Eu não estou com frio, mamãe.

BERTHA
Eu falei que era pra pôr, não falei?

ARCHIE
Mas cadê esse frio todo?

BERTHA
(*tira um pente de sua cabeça e penteia o cabelo do meni-
no dos dois lados*) E ainda está com cara de sono.

BRIGID
Ele foi pra cama assim que a senhora saiu ontem de noite,
madame.

ARCHIE
A senhora sabe, mamãe, ele vai me deixar segurar as
rédeas.

BERTHA
(*colocando de novo o pente em seu cabelo, dá um abraço
no filho de repente*) Ah, mas que homem grandão, tocar
uma carroça!

TERCEIRO ATO

BRIGID
Bom, ele é doido por cavalo, isso lá é.

ARCHIE
(*libertando-se*) Eu vou fazer ele andar bem rápido. A senhora vai ver pela janela, mamãe. Com o chicote. (*faz o gesto de quem estala um chicote e grita a plenos pulmões*) Avanti!

BRIGID
Bater no coitado do cavalinho?

BERTHA
Vem aqui pra eu limpar a sua boca. (*tira o lenço do bolso do vestido, molha com a língua e limpa a boca dele*) Você está todo gosmento, coisinha mais suja.

ARCHIE
(*repete, rindo*) Gosmento! O que que é gosmento?

> [*Ouve-se o som de uma lata de leite batendo nas grades da janela.*]

BRIGID
(*afasta as cortinas e olha para fora*) Ele chegou!

ARCHIE
(*rápido*) Espera. Eu estou pronto. Tchau, mamãe! (*dá um beijo apressado nela e se vira para sair*) O papai já acordou?

BRIGID
(*segura o menino pelo braço*) Anda de uma vez agora.

BERTHA
Se cuide, Archie, e não demore, senão não deixo você ir outra vez.

ARCHIE
Tudo bem. Olhe pela janela que a senhora me vê. Tchau.

[BRIGID e ARCHIE *saem pela porta da esquerda.* BERTHA
*se levanta e, puxando ainda mais as cortinas, põe-se de
pé à janela, olhando para fora. Ouve-se abrir a porta
da entrada; depois um leve barulho de vozes e latas. A
porta se fecha. Momentos depois, vê-se* BERTHA *acenar
alegre com a mão.* BRIGID *entra e fica atrás dela, olhan-
do por sobre seu ombro.*]

BRIGID
Olha a pose dele! Sério que só.

BERTHA
(*repentinamente se afastando de seu posto*) Fique longe da
janela. Não quero ser vista.

BRIGID
Por quê, madame, o que foi?

BERTHA
(*indo até a porta sanfonada*) Diga que eu não levantei, que
não estou bem. Eu não posso receber ninguém.

BRIGID
(*vai atrás dela*) Quem é, madame?

BERTHA
(*estacando*) Espere um momento.

[*Ela presta atenção. Ouve-se uma batida na porta da
entrada.*]

BERTHA
(*fica em dúvida por um momento, então*) Não, diga que
eu estou.

TERCEIRO ATO 151

BRIGID
(*em dúvida*) Aqui?

BERTHA
(*apressadamente*) Sim. Diga que acabei de levantar.

[BRIGID *sai pela esquerda.* BERTHA *vai na direção das portas duplas e mexe nervosa nas cortinas, como se estivesse ajeitando o pano. Ouve-se abrir a porta da entrada. Em seguida* BEATRICE JUSTICE *entra e, como* BERTHA *não se vira de pronto, fica parada, hesitante, junto à porta da esquerda. Está vestida como antes e tem um jornal na mão.*]

BEATRICE
(*avança rapidamente*) Sra. Rowan, por favor, me desculpe vir numa hora dessas.

BERTHA
(*virando-se*) Bom dia, srta. Justice. (*vai na direção dela*) Alguma coisa errada?

BEATRICE
(*nervosa*) Não sei. É o que eu queria perguntar a vocês.

BERTHA
(*olha com curiosidade para ela*) A senhorita está sem fôlego. Não quer sentar?

BEATRICE
(*sentando-se*) Obrigada.

BERTHA
(*senta diante dela, apontando para o jornal dela*) Alguma coisa no jornal?

BEATRICE

(*ri nervosa; abre o jornal*) Sim.

BERTHA

Sobre o Dick?

BEATRICE

Sim. Está aqui. Um artigo longo, um editorial, do meu primo. A vida inteira dele está aqui. A senhora quer ver?

BERTHA

(*pega o jornal e abre*) Onde está?

BEATRICE

No meio. O título é: "Um distinto irlandês".

BERTHA

E é... a favor do Dick ou contra ele?

BEATRICE

(*calorosamente*) Ah, é a favor! Leia o que ele diz do sr. Rowan. Eu sei que o Robert ficou até bem tarde na cidade para escrever.

BERTHA

(*nervosa*) Sim. A senhorita tem certeza?

BEATRICE

Tenho. Bem tarde mesmo. Eu ouvi quando ele chegou em casa. Já passava bastante das duas da manhã.

BERTHA

(*prestando atenção nela*) A senhorita se assustou? Assim, de ser acordada a essa hora da madrugada.

TERCEIRO ATO

BEATRICE
Eu tenho sono leve. Mas sabia que ele estava vindo da redação, então... desconfiei que ele tivesse escrito um artigo sobre o sr. Rowan e que por isso estivesse chegando tão tarde.

BERTHA
Que esperteza pensar nisso assim tão rápido!

BEATRICE
Bem, depois do que aconteceu ontem à tarde aqui — quero dizer, do que o Robert disse, que o sr. Rowan tinha aceitado esse cargo. Era mais do que natural eu pensar que...

BERTHA
Ah, sim. Claro.

BEATRICE
(*apressadamente*) Mas não foi isso que me assustou. É que logo depois eu ouvi um barulho no quarto do meu primo.

BERTHA
(*amassa o jornal entre as mãos, sem fôlego*) Meu Deus! O que foi? Me conte.

BEATRICE
(*observadora*) Por que isso deixa a senhora tão transtornada?

BERTHA
(*afundando na cadeira com uma risada forçada*) Sim, claro, que tolice a minha. Estou com os nervos em frangalhos. E ainda dormi muito mal. Por isso acordei tão cedo. Mas, me diga, o que houve então?

BEATRICE
Só o barulho da valise dele sendo arrastada pelo chão. Depois ouvi ele caminhando pelo quarto, assoviando baixinho. Depois fechando a valise e prendendo as correias.

BERTHA
Ele vai embora!

BEATRICE
Foi isso que me assustou. Fiquei com medo que ele tivesse brigado com o sr. Rowan e que o artigo fosse um ataque.

BERTHA
Mas por que eles teriam brigado? A senhorita percebeu alguma coisa entre eles?

BEATRICE
Acho que sim. Certa frieza.

BERTHA
Recentemente?

BEATRICE
Há algum tempo.

BERTHA
(*alisando o jornal*) A senhorita sabe a razão?

BEATRICE
(*hesitante*) Não.

BERTHA
(*depois de uma pausa*) Bom, mas se o artigo é a favor dele, como a senhorita está dizendo, eles não brigaram. (*reflete por um momento*) Ainda mais se foi escrito ontem à noite.

BEATRICE

Sim. Eu comprei o jornal imediatamente para ver. Mas por que, então, ele está indo embora tão de repente? Sinto que alguma coisa está errada. Sinto que aconteceu alguma coisa entre eles.

BERTHA

E a senhorita lamentaria?

BEATRICE

Muito. Sabe, sra. Rowan, Robert é meu primo-irmão, e eu sentiria muitíssimo se ele tratasse mal o sr. Rowan agora que ele voltou ou se os dois tivessem uma briga séria, principalmente porque...

BERTHA

(*brincando com o jornal*) Porque...?

BEATRICE

Porque foi o meu primo que insistiu que o sr. Rowan voltasse. Tenho esse peso na consciência.

BERTHA

Esse peso devia estar na consciência do sr. Hand, não é verdade?

BEATRICE

(*sem convicção*) Na minha também. Porque... eu falei do sr. Rowan para o meu primo quando ele estava fora, e de certa forma fui eu...

BERTHA

(*concorda lentamente com a cabeça*) Entendi. E isso pesa na sua consciência. Só isso?

BEATRICE
Acho que sim.

BERTHA
(*quase alegre*) Srta. Justice, parece que meu marido voltou à Irlanda por sua causa.

BEATRICE
Por minha causa, sra. Rowan?

BERTHA
Sim, por sua causa. Devido às cartas que a senhorita escreveu para ele e às suas conversas com o seu primo, como acaba de mencionar. Não acha que a senhorita é a pessoa que o trouxe de volta?

BEATRICE
(*enrubescendo subitamente*) Não. Eu não pensaria uma coisa dessa.

BERTHA
(*presta atenção nela por um momento, depois desvia o olhar*) A senhorita sabe que meu marido está escrevendo sem parar desde que voltou.

BEATRICE
Verdade?

BERTHA
A senhorita não sabia? (*aponta para o escritório*) Ele passa quase a noite toda lá dentro, escrevendo. Noites a fio.

BEATRICE
No escritório?

BERTHA
No escritório ou quarto. Dê o nome que quiser. Ele dor-

TERCEIRO ATO   157

me ali também, num sofá. Dormiu ali hoje. Posso mostrar, se a senhorita não acredita em mim.

[*Ela se levanta para ir até o escritório.* BEATRICE *começa a se levantar rapidamente e faz um gesto de recusa.*]

BEATRICE
Claro que acredito, sra. Rowan, se a senhora me diz.

BERTHA
(*sentando novamente*) Sim. Ele está escrevendo. E deve ser a respeito de alguma coisa que entrou na vida dele recentemente — depois que voltamos para a Irlanda. Alguma mudança. A senhorita soube de alguma mudança que ocorreu na vida dele? (*olha para ela de maneira penetrante*) Soube ou sentiu?

BEATRICE
(*sustenta o olhar dela com firmeza*) Sra. Rowan, não sou eu quem deve responder. Se alguma mudança ocorreu na vida dele depois que voltou, quem deve saber disso, sentir isso, é a senhora.

BERTHA
A senhorita também poderia saber. A sua intimidade com esta casa é muito grande.

BEATRICE
Eu não sou a única pessoa íntima daqui.

[*As duas se encaram com frieza, em silêncio, por alguns momentos.* BERTHA *põe de lado o jornal e senta numa cadeira mais perto de* BEATRICE.]

BERTHA
(*colocando a mão no joelho de* BEATRICE) Então a senhorita também me odeia?

BEATRICE
(*com algum esforço*) Eu? Odiar a senhora?

BERTHA
(*insistente, mas delicada*) Sim. A senhorita sabe o que significa isso, odiar uma pessoa?

BEATRICE
Por que eu odiaria a senhora? Nunca senti ódio por ninguém.

BERTHA
Já sentiu amor por alguém? (*põe a mão no pulso de* BEATRICE) Me diga. Sentiu?

BEATRICE
(*com a mesma delicadeza*) Sim. No passado.

BERTHA
Agora não?

BEATRICE
Não.

BERTHA
Consegue me dizer isso... sem mentir? Olhe para mim.

BEATRICE
(*olha para ela*) Sim, consigo.

> [*Breve pausa.* BERTHA *retira a mão e desvia o rosto algo constrangida.*]

BERTHA
A senhorita acabou de dizer que outra pessoa é íntima desta casa. Estava se referindo a seu primo? Era ele?

TERCEIRO ATO

BEATRICE
Sim.

BERTHA
E a senhorita não o esqueceu?

BEATRICE
(*tranquila*) Eu tentei.

BERTHA
(*juntando as mãos*) A senhorita me odeia. E acha que eu sou feliz. Ah, se a senhorita soubesse o quanto está enganada!

BEATRICE
(*balança a cabeça*) Eu não sei.

BERTHA
Feliz! Se eu não entendo nada do que ele escreve, se não sou capaz de ajudá-lo em nada, se às vezes nem entendo metade do que ele me diz! Você conseguiria, e consegue. (*agitada*) Mas receio por ele, receio por nós dois. (*levanta-se de supetão e vai até a escrivaninha*) Ele não pode ir embora desse jeito. (*tira um bloco de papel da gaveta e escreve algumas linhas de maneira apressada*) Não, é impossível! Ele é louco de fazer uma coisa dessa? (*virando-se para* BEATRICE) Ele ainda está em casa?

BEATRICE
(*olhando espantada para ela*) Está. A senhora escreveu pedindo para ele vir até aqui?

BERTHA
(*levanta-se*) Escrevi. Vou mandar a Brigid levar. Brigid!

[*Ela sai depressa pela porta da esquerda.*]

BEATRICE
(*olhando instintivamente na direção em que* BERTHA *saiu*)
Então é verdade!

[*Ela olha rápido para a porta do escritório de* RICHARD
*e segura a cabeça com as mãos. Depois, recuperando-
-se, pega o papel da mesinha, abre, tira um estojo de
óculos da bolsa e, colocando os óculos, baixa a cabeça
para ler.*
    RICHARD ROWAN *entra, vindo do jardim. Está ves-
tido como antes, mas usa um boné de tecido e carrega
uma bengala fina.*]

RICHARD
(*fica parado à porta, observando-a por alguns instantes*)
Há demônios (*aponta para a praia*) lá fora. Estavam taga-
relando desde cedo.

BEATRICE
(*levanta-se imediatamente*) Sr. Rowan!

RICHARD
Pode confiar em mim. A ilha é repleta de sons.[25] A sua
também. *É a única maneira de poder te ver*, ela dizia. E a
voz dela. E a voz dele. Mas, pode confiar em mim, são só
demônios. Fiz o sinal da cruz de cabeça para baixo e isso
calou as vozes.

BEATRICE
(*balbuciando*) Eu vim, sr. Rowan, tão cedo assim por-
que... para lhe mostrar isto... foi Robert quem escreveu...
sobre o senhor... ontem à noite.

RICHARD
(*tira o boné*) Minha cara srta. Justice, acho que a senhori-
ta me disse ontem o motivo de ter vindo aqui, e eu nunca

esqueço coisa alguma. (*indo até ela, estendendo a mão*)
Bom dia.

BEATRICE
(*subitamente tira os óculos e põe o jornal nas mãos dele*)
Eu vim por causa disto. É um artigo sobre o senhor. Robert escreveu ontem à noite. Quer ler?

RICHARD
(*faz uma reverência*) Agora? Mas claro.

BEATRICE
(*olha desesperada para ele*) Ah, sr. Rowan, eu sofro só de olhar para o senhor.

RICHARD
(*abre o jornal e lê*) *Morte do Reverendíssimo Cônego Mulhall*. É isso?

[BERTHA *aparece junto à porta da esquerda e fica ouvindo.*]

RICHARD
(*vira uma página*) Ah, sim, aqui está! "Um distinto irlandês". (*começa a ler com uma voz mais alta e áspera do que se poderia esperar*) Não está entre os menores dos problemas que afrontam nossa terra aquele que se refere à atitude dela para com seus filhos que, depois de deixá--la em seu momento de necessidade, viram-se agora chamados de volta para ela, às vésperas da vitória há tanto esperada desta terra, a ela que, na solidão e no exílio, eles aprenderam enfim a amar. No exílio, dissemos, mas aqui há que se fazer uma distinção. Há um exílio econômico e um espiritual. Há os que a deixaram em busca do pão que sustenta os homens e há outros, a bem da verdade seus filhos prediletos, que a trocaram por outras paragens

em busca do alimento do espírito que sustenta a vida de uma nação de seres humanos. Aqueles que se recordam da vida intelectual de Dublin há uma década terão muitas lembranças do sr. Rowan. Algo daquela dura indignação que lacerava o coração...

> [*Ele levanta os olhos do jornal e vê* BERTHA *parada à porta. Põe de lado o jornal e olha para ela. Um longo silêncio.*]

BEATRICE
(*com algum esforço*) Está vendo, sr. Rowan, seu dia finalmente raiou. Até aqui. E o senhor pode ver que tem um amigo caloroso no Robert, um amigo que o entende.

RICHARD
Percebeu aquela pequena frase logo no começo, *depois de deixá-la em seu momento de necessidade?*

> [*Ele olha de maneira penetrante para* BERTHA, *vira-se, vai para o escritório, entra e fecha a porta.*]

BERTHA
(*falando como que para si própria*) Eu abandonei tudo por ele, religião, família, minha própria paz.

> [*Senta pesadamente numa poltrona.* BEATRICE *vai até ela.*]

BEATRICE
(*sem vigor*) Mas a senhora também não sente que as ideias do sr. Rowan...

BERTHA
(*com amargura*) Ideias e mais ideias! Mas as pessoas neste mundo têm outras ideias, ou fingem ter. Elas são

TERCEIRO ATO   163

obrigadas a aturar o Richard apesar das ideias dele, por-
que ele consegue fazer alguma coisa. Eu, não. Eu não
sou nada.

BEATRICE
A senhora fica ao lado dele.

BERTHA
(*cada vez mais amarga*) Ah, bobagem, srta. Justice! Eu
sou apenas uma coisa com que ele se enroscou, e o meu
filho é... o nome simpático que dão a essas crianças. A
senhorita acha que eu sou de pedra? Acha que não en-
xergo o que dizem os olhos e os modos deles quando me
encontram?

BEATRICE
Não deixe fazerem a senhora se sentir inferior, sra. Rowan.

BERTHA
(*altiva*) Inferior! Eu sinto muito orgulho de mim, se a se-
nhorita quer saber. O que foi que eles fizeram por ele?
Eu fiz dele um homem. O que eles são na vida dele?
Nada mais que a sujeira da sola da bota dele! (*levanta-se
e caminha agitada de um lado para outro*) Ele pode me
desprezar também, como os outros — agora. E a senho-
rita pode me desprezar. Mas nenhum de vocês me fará
sentir inferior.

BEATRICE
Por que a senhora me acusa?

BERTHA
(*indo impulsivamente até ela*) Eu estou sofrendo tanto...
Me desculpe se fui rude. Quero ser sua amiga. (*estende as
mãos*) Você aceita?

BEATRICE
(*segurando as mãos dela*) De bom grado.

BERTHA
(*olhando para ela*) Como são lindos os seus cílios, tão compridos! E os seus olhos têm uma expressão tão triste!

BEATRICE
(*sorrindo*) Eu enxergo muito pouco com eles. São muito fracos.

BERTHA
(*calorosamente*) Mas são lindos.

> [*Ela lhe dá um abraço delicado, e um beijo. Depois se afasta um pouco, tímida.* BRIGID *entra pela porta da esquerda.*]

BRIGID
Entreguei em mãos, madame.

BERTHA
Ele mandou algum recado?

BRIGID
Ele estava de saída, madame. Disse pra eu falar que ele estava vindo.

BERTHA
Obrigada.

BRIGID
(*saindo*) A senhora quer o chá e aquela torradinha agora, madame?

TERCEIRO ATO   165

BERTHA
Agora não, Brigid. Talvez depois. Quando o sr. Hand
chegar, faça ele entrar imediatamente.

BRIGID
Sim, madame.

   [*Ela sai pela esquerda.*]

BEATRICE
Eu vou indo, sra. Rowan, antes que ele chegue.

BERTHA
(*um tanto tímida*) Então somos amigas?

BEATRICE
(*no mesmo tom*) Vamos tentar ser. (*virando-se*) A senhora
me permite sair pelo jardim? Não quero encontrar meu
primo agora.

BERTHA
Claro. (*segura a mão dela*) É tão estranho nós termos
conversado desse jeito agora há pouco. Mas eu sempre
quis. Você não?

BEATRICE
Acho que eu também.

BERTHA
(*sorrindo*) Mesmo em Roma. Quando eu saía para cami-
nhar com o Archie, ficava pensando em você, em como
você era, porque sabia de você pelo Dick. Eu ficava olhan-
do pessoas diferentes, saindo das igrejas ou passando em
carruagens, e pensando que talvez elas fossem como você.
Porque o Dick me disse que você era morena.

BEATRICE
(*nervosa de novo*) Verdade?

BERTHA
(*segurando firme sua mão*) Adeus então — por enquanto.

BEATRICE
(*soltando a mão dela*) Tenha um bom dia.

BERTHA
Eu a acompanho até o portão.

[*Ela a acompanha, as duas saem pela porta dupla e depois pelo jardim.* RICHARD ROWAN *entra, vindo do escritório. Ele se detém junto à porta dupla, olhando para o jardim. Em seguida, dá meia-volta, vai até a mesinha, pega o papel e lê.* BERTHA, *depois de alguns instantes, aparece junto à porta dupla e fica parada observando-o ler. Ele larga o papel e se vira para voltar ao escritório.*]

BERTHA
Dick!

RICHARD
(*detendo-se*) O quê?

BERTHA
Você nem falou comigo.

RICHARD
Não tenho nada a dizer. Você tem?

BERTHA
Você não quer saber... o que aconteceu ontem à noite?

TERCEIRO ATO

RICHARD
Isso jamais vou saber.

BERTHA
Eu te conto se você me perguntar.

RICHARD
Você vai me contar. Mas eu jamais vou saber. Nunca nesta vida.

BERTHA
(*indo até ele*) Eu vou te dizer a verdade, Dick, como sempre te disse. Eu nunca menti para você.

RICHARD
(*cerrando os punhos no ar, apaixonadamente*) Sim, sim. A verdade! Mas jamais vou saber, estou te dizendo.

BERTHA
Por que, então, você me deixou lá ontem à noite?

RICHARD
(*com amargura*) Na sua hora de necessidade.

BERTHA
(*ameaçadora*) Você me incitou a ir. Não porque me ama. Se me amasse ou soubesse o que é o amor, não teria me deixado lá. Você me incitou por interesse próprio.

RICHARD
Eu não me fiz. Eu sou o que sou.

BERTHA
Para ter isso para me jogar sempre na cara. Para fazer eu me sentir inferior diante de você, como sempre fez. Para ter liberdade você mesmo. (*apontando para o jardim*) Com ela! E isso é o seu amor! Cada palavra que você pronuncia é falsa.

RICHARD
(*controlando-se*) É inútil pedir que você me ouça.

BERTHA
Te ouvir! Ela é que é a pessoa que ouve. Por que perder tempo comigo? Converse com ela.

RICHARD
(*concorda com a cabeça*) Entendi. Agora você a afastou de mim, como afastou todos que estiveram ao meu lado — cada amigo que eu tive, cada ser humano que tentou se aproximar de mim. Você sente ódio dela.

BERTHA
(*calorosamente*) Nada disso! Acho que você a tornou infeliz como a mim e à sua falecida mãe, que morreu por isso. Um mata-mulheres! Isso é o que você é.

RICHARD
(*vira-se para sair*) *Arrivederci!*

BERTHA
(*agitada*) Ela é uma pessoa de bom caráter, elevado. Eu gosto dela. Ela é tudo que eu não sou — por nascimento e educação. Você tentou acabar com ela, mas não conseguiu. Porque ela está à sua altura — ao contrário de mim. E você sabe disso.

RICHARD
(*quase gritando*) Por que diabos você está falando dela?

BERTHA
(*juntando as mãos*) Ah, como eu queria nem ter te conhecido! Que dia maldito aquele!

TERCEIRO ATO

RICHARD
(*com amargura*) Eu sou um empecilho, é isso? Você queria estar livre agora. Pois é só dizer.

BERTHA
(*altiva*) Quando você quiser eu estou pronta.

RICHARD
Para poder encontrar o seu amante... livremente?

BERTHA
Sim.

RICHARD
Toda noite?

BERTHA
(*com o olhar fixo à frente, falando com intensa passionalidade*) Para encontrar o meu amante! (*estendendo os braços à frente*) Meu amante! Sim! Meu amante!

[*Ela subitamente cai no choro e se afunda numa poltrona, cobrindo o rosto com as mãos.* RICHARD *se aproxima dela devagar e toca seu ombro.*]

RICHARD
Bertha! (*ela não responde*) Bertha, você é livre.

BERTHA
(*afasta a mão dele com um gesto rude e se põe de pé de repente*) Não encoste em mim! Você é um estranho para mim. Você não entende nada de mim — nem uma única coisa no meu coração ou na minha alma. Um estranho! Estou vivendo com um estranho!

[*Ouve-se uma batida na porta da entrada.* BERTHA *enxuga rápido os olhos com o lenço e ajeita a parte da frente do vestido.* RICHARD *presta atenção no som, olha para ela de maneira penetrante e, dando-lhe as costas, entra em seu escritório.*

ROBERT HAND entra pela esquerda. Está usando roupas marrom-escuras e traz na mão um chapéu tirolês marrom.]

ROBERT
(*fechando silenciosamente a porta depois de entrar*) Você mandou me chamar.

BERTHA
(*levanta-se*) Mandei. Você está louco, pensando em ir embora desse jeito — sem nem passar aqui —, sem dizer nada?

ROBERT
(*indo até a mesa em que está o jornal, lança um olhar para ele*) O que eu tinha a dizer, eu disse aqui.

BERTHA
Quando você escreveu isso? Ontem à noite, depois que eu fui embora?

ROBERT
(*com graciosidade*) Para ser bem preciso, escrevi parte do texto — mentalmente — antes de você sair. O resto — a pior parte — escrevi depois. Bem mais tarde.

BERTHA
E conseguiu escrever ontem à noite!

ROBERT
(*dá de ombros*) Eu sou um animal bem treinado. (*aproxima-se dela*) Passei uma longa noite errante depois... na redação, na casa do vice-reitor, num clube noturno, na rua,

TERCEIRO ATO   171

no meu quarto. A sua imagem estava sempre diante dos
meus olhos, a sua mão na minha mão. Bertha, eu jamais
vou esquecer a noite de ontem. (*deixa o chapéu na mesa
e segura a mão dela*) Por que não olha para mim? Não
posso encostar em você?

BERTHA
(*aponta para o escritório*) Dick está ali.

ROBERT
(*larga a mão dela*) Nesse caso, crianças, comportem-se.

BERTHA
Para onde você vai?

ROBERT
Terras estrangeiras. Ou seja, encontrar meu primo Jack
Justice, vulgo Doggy Justice, em Surrey. Ele tem uma bela
casa de campo lá, e o tempo é fresco.

BERTHA
Por que você está indo?

ROBERT
(*olha para ela em silêncio*) Não consegue imaginar nem
uma razão?

BERTHA
Por minha causa?

ROBERT
Sim. Neste momento não é agradável para mim ficar por
aqui.

BERTHA
(*senta, desalentada*) Mas é cruel da sua parte, Robert.
Cruel comigo e com ele também.

ROBERT
Ele perguntou... o que aconteceu?

BERTHA
(*juntando as mãos em desespero*) Não. Ele se recusa a me perguntar qualquer coisa. Diz que jamais vai saber.

ROBERT
(*solene, concorda com a cabeça*) O Richard tem razão nisso. Ele sempre tem razão.

BERTHA
Mas, Robert, você precisa conversar com ele.

ROBERT
O que é que vou dizer a ele?

BERTHA
A verdade! Tudo!

ROBERT
(*reflete*) Não, Bertha. Eu sou um homem falando com outro homem. Não posso dizer tudo a ele.

BERTHA
Ele vai achar que você está indo embora porque tem medo de ficar frente a frente com ele depois de ontem à noite.

ROBERT
(*depois de uma pausa*) Bom, eu não sou mais covarde do que ele. Eu converso com ele então.

BERTHA
(*levanta-se*) Eu vou chamar.

ROBERT
(*segurando as mãos dela*) Bertha! O que aconteceu on

TERCEIRO ATO 173

tem à noite? Qual é a verdade que devo dizer? (*olha com sinceridade nos olhos dela*) Você foi minha naquela noite sagrada de amor? Ou eu sonhei?

BERTHA
(*com um vago sorriso*) Lembre esse sonho. Você sonhou que eu fui sua ontem à noite.

ROBERT
E a verdade é esta — um sonho? É isso que devo dizer?

BERTHA
Sim.

ROBERT
(*beija as mãos dela*) Bertha! (*numa voz mais baixa*) Em toda a minha vida, somente esse sonho é real. Eu esqueço o resto. (*beija de novo as mãos dela*) Agora eu posso dizer a verdade para ele. Pode chamar.

[BERTHA *vai até a porta do escritório de* RICHARD *e bate. Não há resposta. Bate de novo.*]

BERTHA
Dick! (*nenhuma resposta*) O sr. Hand está aqui. Ele quer falar com você, para se despedir. Ele está indo embora. (*nenhuma resposta. Ela bate forte com a mão no painel da porta e chama com uma voz preocupada*) Dick! Responda!

[RICHARD ROWAN *sai do escritório. Vai imediatamente até* ROBERT, *mas não lhe estende a mão.*]

RICHARD
(*calmo*) Eu te agradeço pelo seu simpático artigo a meu respeito. É verdade que você veio se despedir?

ROBERT

Não há por que me agradecer, Richard. Eu sou e sempre fui seu amigo. Agora mais do que nunca. Você acredita em mim, Richard?

[RICHARD *senta numa poltrona e enterra o rosto nas mãos.* BERTHA *e* ROBERT *se encaram em silêncio. Ela se vira e sai em silêncio pela direita.* ROBERT *vai até* RICHARD *e para perto dele, descansando as mãos no encosto de uma cadeira, olhando para ele. Um longo silêncio. Ouve-se uma vendedora de peixes gritando ao passar pela frente da casa.*]

A PEIXEIRA

Arenque fresquinho da baía de Dublin! Arenque fresquinho da baía de Dublin! Arenque fresquinho da baía de Dublin!

ROBERT

(*tranquilamente*) Eu vou te dizer a verdade, Richard. Você está ouvindo?

RICHARD

(*levanta a cabeça e se recosta para ouvir*) Estou.

[ROBERT *senta na cadeira ao lado dele. A peixeira vai gritando cada vez mais longe.*]

A PEIXEIRA

Arenque fresquinho! Arenque da baía de Dublin!

ROBERT

Eu fracassei, Richard. A verdade é essa. Você acredita em mim?

RICHARD
Estou ouvindo.

ROBERT
Eu fracassei. Ela é sua, como era nove anos atrás, quando você a conheceu.

RICHARD
Quando nós a conhecemos, você quer dizer.

ROBERT
Sim. (*baixa os olhos por alguns instantes*) Posso continuar?

RICHARD
Pode.

ROBERT
Ela foi embora. Eu fiquei sozinho — pela segunda vez. Fui até a casa do vice-reitor e jantei. Eu disse que você estava mal e que iria numa outra noite. Soltei epigramas novos e antigos — aquele das estátuas também. Bebi clarete. Fui para o meu escritório e escrevi meu artigo. Depois...

RICHARD
Depois?

ROBERT
Depois fui a certo clube noturno. Havia homens lá — mulheres também. Pelo menos pareciam mulheres. Eu dancei com uma delas. Ela me pediu que a levasse em casa. Continuo?

RICHARD
Sim.

ROBERT
Eu a levei para casa num coche de aluguel. Ela mora perto de Donnybrook.[26] No coche ocorreu o que o arguto Duns Scotus chama de morte do espírito. Continuo?

RICHARD
Sim.

ROBERT
Ela chorou. Disse que tinha se divorciado de um advogado. Eu lhe ofereci um soberano,[27] já que ela disse estar mal de dinheiro. Ela não quis aceitar e chorou bastante. Depois bebeu água de melissa[28] de uma garrafinha que levava na bolsa. Esperei até vê-la entrar em casa. Depois fui a pé para casa. No quarto descobri que meu casaco estava todo manchado de água de melissa. Ontem não tive sorte nem com casacos: foi o segundo. Depois me ocorreu a ideia de trocar de terno e partir no primeiro barco. Fiz a mala e fui deitar. Vou pegar o próximo trem para a casa do meu primo Jack Justice, em Surrey. Talvez por uns quinze dias. Talvez mais tempo. Está entediado?

RICHARD
Por que não ir de barco?

ROBERT
Perdi a hora.

RICHARD
Você pretendia ir sem se despedir — sem passar aqui?

ROBERT
Sim.

RICHARD
Por quê?

TERCEIRO ATO   177

ROBERT
Minha história não é muito bonita, não é verdade?

RICHARD
Mas você veio.

ROBERT
Bertha me mandou um bilhete pedindo para eu vir.

RICHARD
Não fosse isso...?

ROBERT
Não fosse isso eu não teria vindo.

RICHARD
E te ocorreu que se você tivesse ido embora sem passar
aqui eu teria entendido a situação... à minha maneira?

ROBERT
Sim, me ocorreu.

RICHARD
No que, então, você quer que eu acredite?

ROBERT
Quero que você acredite que eu fracassei. Que Bertha é
sua agora como era nove anos atrás, quando você, quan-
do nós a conhecemos.

RICHARD
Você quer saber o que eu fiz?

ROBERT
Não.

RICHARD
Vim imediatamente para casa.

ROBERT
Você não ouviu Bertha chegar?

RICHARD
Não. Passei a noite escrevendo. E pensando. (*apontando para o escritório*) Ali. Antes de amanhecer eu saí e caminhei de um extremo a outro da praia.

ROBERT
(*balançando a cabeça*) Sofrendo. Se torturando.

RICHARD
Ouvindo vozes à minha volta. As vozes daqueles que dizem que me amam.

ROBERT
(*aponta para a porta da direita*) Uma. E a minha?

RICHARD
Mais uma ainda.

ROBERT
(*sorri e toca a testa com o indicador da mão direita*) Verdade. Minha prima interessante mas algo melancólica. E o que elas te disseram?

RICHARD
Elas me disseram para perder as esperanças.

ROBERT
Maneira estranha de demonstrar o amor delas, eu diria! E você vai perder as esperanças?

TERCEIRO ATO 179

RICHARD
(*levantando-se*) Não.

[*Ouve-se um barulho na janela. O rosto de* ARCHIE *aparece achatado contra um dos vidros. Ouve-se a voz dele chamando.*]

ARCHIE
Abram a janela! Abram a janela!

ROBERT
(*olha para* RICHARD) Você também ouviu a voz dele, Richard, com as outras? Lá na praia? A voz do seu filho? (*sorrindo*) Ouça! Como é vazia de esperanças!

ARCHIE
Abram a janela, por favor!

ROBERT
Talvez esteja ali, Robert, a liberdade que procuramos — você de uma maneira, eu de outra. Nele e não em nós. Talvez...

RICHARD
Talvez...?

ROBERT
Eu disse *talvez*... Eu diria quase com certeza se...

RICHARD
Se o quê?

ROBERT
(*com um vago sorriso*) Se ele fosse meu.

[*Ele vai até a janela e abre.* ARCHIE *pula afoito para dentro do cômodo.*]

ROBERT
Como ontem, hein?

ARCHIE
Bom dia, sr. Hand. (*corre para* RICHARD *e lhe dá um beijo*)
Buon giorno, babbo.[29]

RICHARD
Buon giorno, Archie.

ROBERT
Onde é que você estava, meu rapaz?

ARCHIE
Com o leiteiro. Eu segurei a rédea. A gente foi até Booterstown.[30] (*tira o boné e o joga numa cadeira*) Estou morrendo de fome.

ROBERT
(*pega seu chapéu na mesa*) Richard, adeus. (*oferecendo a mão*) Até nosso próximo encontro!

RICHARD
(*levanta-se, aperta a mão dele*) Adeus.

[BERTHA *aparece à porta da direita.*]

ROBERT
(*percebe que ela está ali: para* ARCHIE) Pegue o boné. Venha comigo. Eu vou te comprar um bolo e te contar uma história.

ARCHIE
(*para* BERTHA) Posso, mamãe?

BERTHA
Pode.

TERCEIRO ATO

ARCHIE
(*pega o boné*) Estou prontinho.

ROBERT
(*para* RICHARD *e* BERTHA) Adeus ao papai e à mamãe. Mas não um grande adeus.

ARCHIE
O senhor vai me contar uma história de fadas, sr. Hand?

ROBERT
Uma história de fadas? Por que não? Eu sou o seu fado padrinho.

> [*Eles saem juntos pela porta dupla, atravessando o jardim. Depois que se foram,* BERTHA *vai até* RICHARD *e passa um braço pela cintura dele.*]

BERTHA
Dick, querido, agora você acredita que fui fiel a você? Ontem à noite e sempre?

RICHARD
(*triste*) Não me faça essa pergunta, Bertha.

BERTHA
(*apertando mais o abraço*) Eu fui, querido. Você não pode duvidar de mim. Eu me entreguei a você — toda. Desisti de tudo por você. Você me aceitou — e você me deixou.

RICHARD
Quando foi que eu te deixei?

BERTHA
Você me deixou e eu fiquei esperando você voltar para mim. Dick, querido, venha aqui ficar comigo. Sente. Como você deve estar cansado!

[*Ela o leva até a poltrona. Ele senta, quase reclinado, apoiado no braço. Ela senta no tapete ao pé da poltrona, segurando a mão dele.*]

BERTHA
Sim, querido. Eu esperei por você. Céus, como sofri naqueles dias, quando morávamos em Roma! Lembra o terraço da nossa casa?

RICHARD
Lembro.

BERTHA
Eu ficava ali sentada, esperando, com o menino, coitadinho, com os brinquedos, esperando até ele ficar com sono. Dava para ver todos os telhados da cidade, e o rio, o Tevere. Como é o nome?

RICHARD
Tibre.

BERTHA
(*afagando o próprio rosto com a mão dele*) Era lindo, Dick, só que tão triste... Eu estava sozinha, Dick, esquecida por você e por todo mundo. Parecia que a minha vida tinha chegado ao fim.

RICHARD
Ela não tinha começado.

BERTHA
E eu ficava olhando o céu, tão lindo, sem uma nuvem, e aquela cidade que você dizia que era tão antiga: e aí ficava pensando na Irlanda e em nós.

RICHARD
Em nós?

TERCEIRO ATO

BERTHA

Sim. Em nós. Não passa um único dia sem eu pensar em nós, você e eu, em como nós éramos quando nos conhecemos. Vejo isso todos os dias da minha vida. Eu não fui fiel a você o tempo todo?

RICHARD

(*com um suspiro profundo*) Foi, Bertha. Você foi minha noiva no exílio.

BERTHA

Aonde você for, eu vou atrás. Se quiser ir embora neste momento, eu vou com você.

RICHARD

Eu vou ficar. Ainda é cedo para perder as esperanças.

BERTHA

(*de novo afagando a mão dele*) Não é verdade que eu quero afastar todo mundo de você. Eu queria aproximar vocês — você e ele. Fale comigo. Fale do fundo do seu coração: o que você sente e o que você sofre.

RICHARD

Eu estou machucado, Bertha.

BERTHA

Machucado como, meu amor? Me explique o que você quer dizer. Vou tentar entender tudo que você disser. De que maneira você está machucado?

RICHARD

(*desprende a mão e, segurando a cabeça de* BERTHA *entre as mãos, ergue o queixo dela e a contempla longamente nos olhos*) Eu tenho uma ferida profunda, muito profunda, de dúvidas na alma.

BERTHA
(*imóvel*) Dúvidas sobre mim?

RICHARD
Sim.

BERTHA
Eu sou sua. (*num sussurro*) Nem que eu morra neste exato momento, sou sua.

RICHARD
(*ainda olhando para ela e como se falasse com alguém que não está ali*) Eu machuquei minha alma por você — uma ferida profunda de dúvidas que jamais vai cicatrizar. Eu jamais posso saber, jamais neste mundo. Não quero saber nem acreditar. Não me importa. Não é nas trevas da crença que eu te desejo, mas na dúvida viva que fere e não descansa. Prender você sem laços nem mesmo de amor, estar unido a você de corpo e alma em total nudez — foi isso que desejei. E agora estou cansado, Bertha. Meu ferimento me esgota.

[*Ele se estica, exausto, na poltrona.* BERTHA *ainda segura a mão dele, falando muito baixo.*]

BERTHA
Me perdoe, Dick. Me perdoe e me ame de novo como me amou na primeira vez. Eu quero meu amante. Estar com ele, ir a ele, me entregar a ele. Você, Dick. Ah, meu amante estranho e louco, volte para mim!

[*Ela fecha os olhos.*]

Notas preparatórias de James Joyce*

Richard — um automístico
Robert — um automóvel

*

A alma, como o corpo, pode ter uma virgindade. A mulher cedê-la, ou o homem tomá-la, é esse o ato do amor. O amor (compreeendido como o desejo pelo bem do outro) é na verdade um fenômeno tão incomum que mal pode se repetir, já que a alma é incapaz de se tornar virgem novamente e não tem energia bastante para se lançar de novo no oceano de outra alma. É a consciência reprimida dessa incapacidade e dessa falta de energia espiritual que explica a paralisia mental de Bertha.

*

A idade dela: 28. Robert a compara à lua por causa de seu vestido. Sua idade é a integralização de um ritmo lunar. Cf. Oriani[31] sobre o fluxo menstrual — *la malattia sacra che in un rituo lunare prepara la donna per il sacrificio.*[32]

---

* As notas de Joyce para *Exílios* foram escritas em um caderno que se encontra na Universidade de Bufallo. Foram publicadas pela primeira vez em 1951.

*

Robert deseja que Richard empregue contra ele as armas que as convenções sociais e a moral colocam nas mãos do marido. Richard se recusa. Bertha deseja que Richard use essas armas também em defesa dela. Richard igualmente se recusa, e pela mesma razão. Sua defesa da alma e do corpo dela é uma espada invisível e imponderável.

Como contribuição para o estudo do ciúme, o *Othello* de Shakespeare é incompleto. Ele e a análise de Spinoza partem de um ponto de vista de sensacionalismo — Spinoza fala de *pudendis et excrementis alterius jungere imaginem rei amatae*.[33] Bertha considerou a própria paixão desligada do ódio ou da cobiça frustrada. A definição escolástica do ciúme como *passio irascibilis*[34] chega mais perto, tendo por objeto um bem de natureza difícil. Nesta peça, o ciúme de Richard dá mais um passo na direção de seu próprio núcleo. Separada do ódio e tendo sua cobiça frustrada convertida em estímulo erótico e, mais ainda, tendo em seu poder a restrição, a dificuldade que a excitou, ela precisa se revelar como a própria imolação do prazer da posse, realizada no altar do amor. Ele tem ciúme, deseja e conhece a própria desonra e a desonra da mulher com cujo ser, em cada uma de suas fases, desejaria se ver unido na realização do amor, na mesma medida em que realizar essa união na região do difícil, do vácuo e do impossível é sua necessária tendência.

*

Será difícil fazer Beatrice interessar a uma plateia em que todos os homens são Robert e queriam ser Richard — ambos pertencentes a Bertha. A nota de compaixão pode soar quando ela tira os óculos do bolso para ler. Digam os críticos o que quiserem, todas essas pessoas — inclusive Bertha — estão sofrendo durante a ação.

NOTAS PREPARATÓRIAS DE JAMES JOYCE

*

Por que o título *Exílios*? Uma nação cobra uma pena daqueles que ousaram deixá-la, que deve ser paga na volta. O irmão mais velho na fábula do filho pródigo é Robert Hand. O pai ficou do lado do pródigo. O mundo provavelmente não é assim — não na Irlanda, com certeza. Mas o Reino de Jesus não era deste mundo, nem o era sua sabedoria.

*

O estado em que Bertha se encontra quando abandonada espiritualmente por Richard deve ser manifestado pela atriz com características de uma hipnose. O estado dela é como o de Jesus no jardim das oliveiras. É a alma de uma mulher deixada nua e só, para que possa chegar à compreensão de sua própria natureza. Ela deve parecer também ser levada até o último momento coerente com sua imunidade à corrente da ação e deve até demonstrar uma ponta de ressentimento contra o homem que se nega a lhe estender a mão e salvá-la. Através dessas experiências ela vai impregnar seu temperamento renascido com o espanto de sua alma diante de sua solidão e de sua beleza, formada e se dissolvendo eternamente entre as nuvens da mortalidade.

1.
A fase secundária e inferior da posição de Robert é a suspeita de que Richard seja um aventureiro ardiloso que usa o corpo de Bertha como isca para ganhar a amizade e o apoio de Robert. A fase correspondente na atitude de Richard é a suspeita de que a admiração e a amizade que Robert sente por ele sejam simuladas para atordoar e desorientar a vigilância de sua mente. Essas duas suspeitas são impressas nos personagens por indícios externos e em nenhum dos dois casos ganham vida de maneira espontânea, brotando do solo da natureza deles.

*

É uma ironia da peça o fato de que, enquanto Robert, e não Richard, é o apóstolo da beleza, a beleza em seu ser visível e invisível esteja presente sob o teto de Richard.

*

Desde a publicação das páginas perdidas de *Madame Bovary*,[35] o centro de empatia parece ter sido esteticamente alterado do amante ou objeto de desejo para o marido ou corno. Esse deslocamento também se torna mais estável graças ao crescimento gradual de um realismo prático coletivo, devido à alteração das condições econômicas da massa de pessoas convocadas a ouvir e sentir uma obra de arte em relação com a vida delas. Essa mudança é empregada em *Exílios*, embora a união de Richard e Bertha seja irregular na medida em que a revolta espiritual de Richard, que seria estranha e nada bem-vinda de outra maneira, pode entrar num combate com a decrépita prudência de Robert, tendo alguma chance de disputar diante da plateia uma batalha empatada. Praga em *La Crisi*[36] e Giacosa em *Tristi Amori*[37] compreenderam e se beneficiaram dessa mudança, mas não a empregaram, como eu o fiz aqui, como escudo técnico para a proteção de uma consciência delicada, estranha e extremamente sensível.

2.

Robert está convicto da inexistência, da irrealidade de fatos espirituais que existem e são reais para Richard. A ação da peça, no entanto, deve convencer Robert da existência e da realidade da mística defesa que Richard faz da esposa. Se essa defesa for real, como podem ser irreais os fatos em que se baseia?

NOTAS PREPARATÓRIAS DE JAMES JOYCE

*

Seria interessante elaborar alguns esboços de Bertha caso ela tivesse unido por nove anos sua vida à de Robert — não necessariamente com drama, porém com esboços mais impressionistas. Por exemplo, a sra. Robert Hand (porque ele queria fazer tudo com decência) encomendando tapetes na Grafton Street,[38] nas corridas de Leopardstown,[39] ganhando um assento na plataforma para a inauguração de uma estátua, apagando as luzes numa sala de estar depois de uma noitada social na casa do marido, ajoelhada na frente de um confessionário na Igreja jesuíta.

*

Richard caiu de um mundo mais elevado e fica indignado quando descobre baixeza em homens e mulheres. Robert ergueu-se de um mundo inferior e se encontra tão distante da indignação que se vê surpreso quando homens e mulheres não são mais baixos e mais ignóbeis.

3.
ROBERT
(*concorda com a cabeça*) Sim, você venceu. Eu vi o seu triunfo.

RICHARD
(*levantando-se de repente*) Desculpa. Eu esqueci. Quer um uísque?

ROBERT
Quem espera sempre alcança.

[RICHARD *vai até o aparador e serve um copo de uísque do decantador, levando-o com uma garrafinha d'água até a mesa.*]

RICHARD
(*refestelado no sofá*) Você vai pôr água no seu?

ROBERT
(*fazendo isso*) E você?

RICHARD
(*balança a cabeça*) Nada.

ROBERT
(*copo na mão*) Lembro das nossas noitadas loucas de antigamente, das nossas noites de festa, conversa e bebida.

RICHARD
Na nossa casa.

ROBERT
(*erguendo o copo*) Prosit!

*

Quando Richard abandonou a Igreja, encontrou muitos homens do mesmo tipo de Robert.

*

Problema. Archie, o filho de Richard, está sendo criado com os princípios de Robert.

*

Beatrice teve uma conversa com a mãe antes de entrar em cena no primeiro ato.

*

NOTAS PREPARATÓRIAS DE JAMES JOYCE

Bertha se refere a Beatrice como "Sua Senhoria".

*

N.(B) — 12 nov. 1913
Jarreteira: precioso, Prezioso,[40] Bodkin,[41] música, verde-claro, bracelete, docinhos, lírio-do-vale, jardim do convento (Galway), mar.

Rato: Doença, nojo, pobreza, queijo, orelha feminina (orelha de criança?).

Adaga: coração, morte, soldado, guerra, banda, julgamento, rei.

*

N.(B) — 13 nov. 1913
Lua — Túmulo de Shelley[42] em Roma. Ele se levanta dali: louro. Ela chora por ele. Ele lutou em vão por um ideal e morreu, assassinado pelo mundo. No entanto se levanta. Cemitério em Rahoon sob a luz do luar onde fica o túmulo de Bodkin. Ele está na cova. Ela vê seu túmulo (mausoléu da família) e chora. O nome é comum. O de Shelley é estranho e selvagem. Ele é moreno, não se ergueu, morto pelo amor e pela vida, jovem. A terra o contém.

Bodkin morreu. Kearns morreu.[43] No convento eles a chamavam de mata-homem. (Mata-mulheres era um dos nomes que ela me dava.) Eu vivo em corpo e alma.

Ela é terra, escura, sem forma, mãe, tornada bela pela noite enluarada, com uma consciência sombria de seus instintos. Shelley, que ela conteve em seu ventre ou em seu túmulo, se ergue; a parte de Richard de que nem o amor nem a vida conseguem se livrar; a parte pela qual ela o ama; a parte que ela precisa tentar matar, jamais conseguir matar, e celebrar sua impotência. Suas lágrimas são de adoração, Madalena vendo o Senhor reerguido no jardim onde Ele tinha sido posto na tumba. Roma é o

mundo estranho e a vida estranha a que Richard a leva.
Rahoon é sua gente. Ela chora por Rahoon também, por
aquele que seu amor assassinou, o menino moreno que,
como a terra, ela abraça na morte e na desintegração.
Ele é sua vida enterrada, seu passado. As imagens que
o acompanham são os badulaques e brinquedos de sua
meninice (bracelete, docinhos, lírio-do-vale verde-claro,
o jardim do convento). Os símbolos dele são a música e o
mar, a terra líquida e disforme em que estão enterrados, e
o corpo e a alma afogados. Há lágrimas de comiseração.
Ela é a Madalena que chora relembrando os amores a que
não pôde corresponder.

*

Se Robert de fato prepara o caminho para a chegada
de Richard e torce por ela ao mesmo tempo que tenta se-
cretamente combater esse avanço ao destruir de um golpe
a autoconfiança de Richard, a posição é como a de Wotan,
que, ao desejar o nascimento e o crescimento de Sigried,[44]
deseja sua própria destruição. Cada passo que, através de
Richard, a humanidade dá é um retrocesso para o tipo que
Robert representa.

*

Richard teme a reação inevitável, dado o temperamen-
to de Robert: e não apenas por Bertha, ou seja, não para
sentir que ao sair de cena ele tenha permitido que ela siga
seu caminho em direção a um amor passageiro, e acabe
sendo abandonada, mas para sentir que uma mulher es-
colhida por ele foi deixada de lado em troca de outro não
escolhido por ele.

*

A mente de Beatrice é um templo frio abandonado em que hinos subiram aos céus num passado distante, mas onde hoje um padre trêmulo faz oferendas solitárias e reza, sem esperanças, ao Altíssimo.

*

Richard, depois de entender pela primeira vez a natureza da inocência ao perdê-la, teme acreditar que Bertha, para entender a castidade de sua natureza, deva primeiro perdê-la em adultério.

*

Bolha — âmbar — prata — laranjas — maçãs — bengalinhas doces — cabelo — pão de ló — hera — rosas — fita.

*

A bolha a faz lembrar da queimadura na mão quando menina. Ela vê seu cabelo cor de âmbar e o de sua mãe, cor de prata. Essa prata é a coroa da idade, mas também o estigma do cuidado e da dor que ela e seu amante depuseram sobre a mãe. Essa avenida de pensamentos é totalmente evitada; e o outro aspecto, âmbar feito prata pelos anos, sua mãe como profecia do que ela um dia pode ser, mal é contemplado. Laranjas, maçãs, bengalas doces — elas tomam o lugar das ideias evitadas e são o que ela então era, por serem suas alegrias infantis. Cabelo: a mente se volta outra vez para isso sem perceber sua cor, percebendo apenas uma nítida marca sexual e seu crescimento e seu mistério, mais do que a cor. Símbolo de lento crescimento de sua meninice. Pão de ló, novo relance de alegrias que agora começam a parecer cada vez mais as de uma criança e não de uma menina. Hera e rosas: ela colhia hera com frequência quando saía à noite com as meninas. Rosas cresciam naquele tempo. Súbita nota escarlate na memória que pode ser uma vaga sugestão das rosas de seu corpo. A hera e as rosas se estendem e sobem, a partir da ideia de crescimento, através de uma rasteira vida vegetal até se tornarem ardente vida flórea perfumada, símbolo da meninice de crescimento lento, seu cabelo. A fita para o cabelo. Seu adequado ornamento para os olhos dos outros, e por fim para os olhos dele. A meninice se torna virgindade e enverga "a touca que é o sinal da vida pura".[45] Um instinto altivo e tímido faz com que a mente dela se desvie do ato de soltar o cabelo preso — por mais doce, desejado ou inevitável que fosse — e ela abraça aquilo que é apenas dela e não dela e dele também — felizes dias distantes de dança, distantes, para sempre ausentes, morreram. Ou foram mortos? *cf*

*

ROBERT
Você fez dela tudo que ela é. Uma personalidade estranha e maravilhosa.

RICHARD
(*sombrio*) Ou a matei.

ROBERT
Matou?

RICHARD
A virgindade da alma dela.

*

Richard não deve parecer um campeão dos direitos das mulheres.[46] Sua linguagem deve por vezes ficar mais próxima da de Schopenhauer, contra as mulheres, e por

NOTAS PREPARATÓRIAS DE JAMES JOYCE

vezes ele deve mostrar um profundo desprezo pelo sexo de cabelo comprido e pernas curtas. Na verdade está lutando com suas próprias mãos por sua dignidade emocional e por sua libertação, na qual Bertha, nem mais nem menos do que Beatrice ou do que qualquer outra mulher, está envolvida. Ele não emprega a linguagem da adoração, e seu caráter deve parecer algo desprovido de amor. Mas é um fato que por quase 2 mil anos as mulheres da cristandade beijaram e rezaram para a imagem nua de alguém que não tinha esposa nem amante nem irmã e que mal poderia ser associado à mãe, não tivesse a Igreja italiana, com seu infalível instinto pragmático, descoberto as ricas possibilidades da figura da Madonna.

*

Neve:
geada; lua; figuras, azevinho e hera, bolo de groselha, limonada, Emily Lyons,[47] piano, peitoril;
lágrimas:
navio, luz do sol, jardim, tristeza, avental, bota de abotoar, pão com manteiga, um grande fogo na lareira.

No primeiro, o fluxo de ideias é moroso. É Natal em Galway, uma enluarada véspera de Natal com neve. Ela leva almanaques com figuras à casa da avó, para serem ornamentados com azevinho e hera. Passa as noites na casa de um amigo, onde lhe dão limonada. Limonada e bolo de groselha são também o que sua avó lhe oferece no Natal. Ela martela o piano e senta no peitoril com sua amiga Emily Lyons, de tez escura e aparência de cigana.

No segundo, as ideias são mais céleres. É o cais do porto de Galway numa manhã ensolarada. O navio dos emigrantes está partindo e Emily, sua amiga morena, está no convés, a caminho da América. Elas trocam beijos e choram amargamente. Mas ela acredita que um dia sua amiga vai voltar como prometeu. Chora pela dor da separação e pelos perigos marítimos que ameaçam a menina que parte. A menina é mais velha que ela e não tem namorado. Ela também não tem. Sua tristeza é breve. Está sozinha, sem amigos, no jardim da avó e pode ver o jardim, agora solitário, em que no dia anterior brincou com a amiga. Sua avó a consola, lhe dá um avental novo e limpo e uma bota de abotoar, um presente do tio, um bom pão com manteiga para comer e um grande fogo na lareira diante do qual se sentar.

Saudade e arrependimento pelos dias mortos da meninice ficam marcados de novo com vigor. Uma persistente e delicada sensualidade (visual: figuras enfeitadas com azevinho e hera; gustativa: bolo de groselha, pão com manteiga, limonada; tátil: sol no jardim, um grande fogo na lareira, os beijos da amiga e da avó) percorre ambas as séries de imagens. Uma persistente e delicada vaidade também, mesmo em sua dor; seu avental e sua bota de abotoar. Nenhum pensamento de uma admiração mais recente, forte a ponto de se tornar fetichismo e que tenha sido bem observado por ela, passa agora por sua mente. A bota sugere a pessoa que a deu, seu tio, e ela sente vagamente os cuidados e afetos esquecidos entre [os quais] cresceu. Pensa neles com carinho, não por terem tido carinho por *ela*, mas por terem tido carinho pela sua versão menina que agora não existe, e por serem parte dela, escondida até dela mesma em sua memória. A nota de arrependimento está sempre presente e por fim encontra voz nas lágrimas que enchem seus olhos quando vê a amiga ir embora. Uma partida. Uma amiga, sua própria juventude, indo embora. Leve tom de lesbianismo se irradia em sua mente. Essa menina também é morena, quase como uma cigana, e ela também, como o amante moreno que dorme em Rahoon, está indo embora de sua vida, a mata-homem e talvez também a mata-amante, por sobre o mar negro que é a distância, a extinção do interesse e

NOTAS PREPARATÓRIAS DE JAMES JOYCE

da morte. Elas não têm amantes homens e movem-se vagamente uma na direção da outra. A amiga é mais velha, mais forte, pode viajar sozinha, mais corajosa, profecia de um homem moreno posterior. A passividade de seu caráter diante de tudo que não seja vital à sua existência, e no entanto uma passividade tomada de ternura. A assassina está sozinha e quieta sob a delicada luz do sol e sob os delicados cuidados e atenções de sua avó, feliz porque o fogo está quente, aquecendo bastante seus dedos.

O que então são essa ternura e essa consideração que, dadas, são morte, ou desconsolo, ou distância, ou a extinção do interesse? Ela não sente remorsos, pois [sabe] o que pode dar quando lê o desejo em olhos negros. Será que elas não têm necessidade disso, se desejam e pedem? Recusar, seu coração lhe diz, seria matar de maneira mais cruel e impiedosa aqueles que as ondas ou uma doença, ou a passagem dos anos, vai seguramente levar embora de sua vida, rumo à distância, à morte precoce e àquela extinção da personalidade que é a morte em vida.

*

Na incerteza dos dois personagens femininos, Bertha leva a vantagem da beleza — atrás da qual o caráter de uma mulher má pode se esconder com segurança, e mais ainda um caráter que não seja moralmente mau.

*

Segundo ato:
Bertha deseja a união espiritual de Richard e Robert e *acredita* (?) que essa união se dará apenas através do corpo dela, e que assim se perpetuará.

*

Richard aceita a atenção que Robert devota a Bertha, já que, ao fazê-lo, ele a rouba de suas compatriotas e nelas se vinga, a si e a seu amor proibido.

*

A peça são três atos de gato e rato.

*

A entrega do corpo de Bertha a Robert, repetida com frequência, certamente colocaria os dois homens em contato quase carnal. Eles desejam isso? Ser unidos, em termos carnais, através da pessoa e do corpo de Bertha como não podem, sem descontentamento e degradação, ver-se unidos homem com homem como homem com mulher?

*

Exílios, também porque no fim ou Robert ou Richard deve ir para o exílio — talvez a nova Irlanda não possa conter os dois. Robert irá. Mas será que os pensamentos dela o seguirão ao exílio como os de sua irmã-de-amor, Isolda, seguem Tristão?[48]

*

Todos acreditam que Bertha é amante de Robert. Essa *crença* vai de encontro ao seu próprio *conhecimento* do que se passou; mas ele aceita a crença como um alimento amargo.

*

Entre os amigos de Richard, Robert é o único que entrou na mente de Richard pelo portão do afeto de Bertha.

NOTAS PREPARATÓRIAS DE JAMES JOYCE

*

A peça: uma troca de tapas entre o Marquês de Sade e Freiherr vs. Sacher-Masoch.[49] Não seria melhor Robert dar uma mordidinha em Bertha quando eles se beijam? O masoquismo de Richard não precisa de exemplos.

*

No último (ou segundo) ato, Robert pode sugerir também que sabia desde o começo que Richard conhecia sua conduta e que estava sendo observado, e que persistia porque precisava persistir e porque desejava ver até onde iria a tolerância calada de Richard.

*

Bertha reluta em conceder à semente de Robert a hospitalidade de seu ventre. Por esse motivo gostaria mais de um filho dele com outra mulher do que de um filho dele com ela. Isso é verdade? Para ele a questão de ter ou não ter filhos é irrelevante. Será a relutância dela em ceder (mesmo quando a possibilidade de um filho é removida) essa mesma relutância ou uma sobrevivência dela? Ou ainda a sobrevivência dos medos (puramente física) de uma virgem? É certo que seu instinto sabe distinguir as concessões, e para ela a suprema concessão é o que os padres da Igreja chamam de *emissio seminis inter vas naturale*.[50] Quanto à realização do ato de maneira externa, por atrito ou pela boca, a questão deve ser analisada mais a fundo. Permitiria ela que sua luxúria a levasse tão longe, a ponto de receber a emissão da semente dele em qualquer outra abertura do corpo onde ela não pudesse receber, depois de emitida, a ação das forças de sua carne secreta?

*

Bertha está cansada e sente repulsa pela inquietude da energia curiosa da mente de Richard, e sua fadiga é aliviada pela polidez plácida de Robert.

*

A mente dela é uma grande cerração em meio à qual objetos comuns — encostas, mastros de navios e ilhas estéreis — surgem com contornos estranhos mas reconhecíveis.

*

O caráter sádico de Robert — seu desejo de infligir crueldade como parte necessária do prazer sensual — transparece apenas, ou principalmente, em seus contatos com mulheres para quem ele nunca deixa de ser atrante por nunca deixar de ser agressivo. Com os homens, no entanto, ele é manso e humilde de coração.

*

A Europa cansou das mulheres escandinavas (Hedda Gabler, Rebecca Rosmer, Asta Allmers)[51] que o gênio poético de Ibsen criou quando as heroínas eslavas de Dostoiévski e Turguêniev estavam perdendo o viço. Sobre que mulher vai agora brilhar a luz da mente do poeta? Talvez finalmente na celta. Pergunta tola. Enrole o cabelo como quiser e desenrole novamente como quiser.

*

Richard, inadequado para relações adúlteras com as esposas de seus amigos porque isso envolveria grande parcela de pretensão de sua parte, e não por estar convencido de qualquer anseio desonroso, deseja, ao que parece, sentir a emoção do adultério de maneira vicária e possuir uma mulher comprometida, Bertha, através do órgão de seu amigo.

*

Bertha, no ponto mais alto da excitação no terceiro ato, reforça suas palavras com a expressão "Céus".

*

A dúvida que tolda o fim da peça deve ser transmitida à plateia não apenas pelas perguntas de Richard, mas também pelo diálogo entre Robert e Bertha.

*

Todos os filósofos celtas pareciam inclinados à incerteza ou ao ceticismo — Hume, Berkeley, Balfour, Bergson.[52]

*

As notas preparadas para o diálogo são difusas demais. Precisam passar pela peneira da ação. É possível que o melhor modo de fazer isso seja esboçar o próximo ato (o Segundo) deixando que os personagens se expressem. Não é necessário mantê-los presos à expressão presente nas notas.

*

O maior perigo na escrita dessa peça é a ternura das falas ou dos estados de espírito. No caso de Richard, ela não convence e, no caso dos outros dois, é ambígua.

*

Durante o segundo ato, como Beatrice não está em cena, sua figura deve aparecer para a plateia através das ideias ou das falas dos outros. Isso não é nada fácil.

*

O personagem Archie no terceiro ato tem a leveza de Richard, que transpareceu aqui e ali no primeiro e no segundo atos. No entanto, como o afeto espiritual que Richard sente pelo filho (também o sentimento filial por seu próprio pai) já foi devidamente representado nos atos anteriores para equilibrar este, o amor de Bertha pelo filho deve ser destacado com toda a força, vigor e simplicidade, e com a maior precocidade possível no terceiro ato. E deve, claro, estar sublinhado pela posição de tristeza em que ela se encontra.

*

Talvez fosse bom fazer um esboço separado das ações de cada uma das quatro pessoas centrais durante a noite, inclusive daqueles cujos atos não se revelam ao público nos diálogos, ou seja, Beatrice e Richard.

*

Robert gosta de ter em Richard uma personalidade à qual ele possa prestar o tributo da mais plena admiração, ou seja, alguém a quem não é necessário fazer sempre elogios relativizados e não convincentes. Ele entende isso, equivocadamente, como reverência.

*

Um exemplo marcante da mudança de ponto de vista na literatura sobre esse tema é Paul de Kock[53] — seguramente um descendente de Rabelais, Molière[54] e da velha *souche gauloise.*[55] Mas compare-se *George Dandin* ou *Le Cocu Imaginaire*, de Molière, com *Le Cocu*,[56] daquele autor. Salacidade, humor, indecência, vivacidade certamente não faltavam ao autor, no entanto ele produz uma história longa, hesitante e dolorosa — e ainda escrita em primeira pessoa. É claro que algo se rompeu no caminho.

*

O relacionamento entre a sra. O'Shea e Parnell[57] não tem importância vital para a Irlanda — primeiro, porque Parnell não podia falar e, segundo, porque ela era inglesa. Os pontos do caráter dele que de fato teriam interesse foram negligenciados de maneira tácita. Ela não escreve à moda irlandesa — mais ainda, seu modo de amar não é irlandês. O personagem O'Shea é mais típico da Irlanda. Os dois maiores irlandeses dos tempos modernos — Swift e Parnell — arruinaram suas vidas por causa de mulheres. E foi a esposa adúltera do rei de Leinster[58] quem primeiro trouxe os saxões ao litoral da Irlanda.

Fragmentos de diálogos*

I

RICHARD

Mas de tal maneira — como ladrões — à noite — em tal lugar. Não é para gente como nós. Não é para mim nem para ela: não é nem para você.

ROBERT

Sim, você está certo. Você é muito jovem e mesmo assim parece ser o pai dela, e o meu. Eu agi como um sujeito qualquer.

RICHARD

Quando eu a conheci, ela tinha dezoito anos, e desde então eu a observei. Senti o desdobrar da alma dela. Às vezes me viro para olhar para ela no nosso quarto. Quando estou escrevendo, quero dizer. Ela está deitada na cama lendo algum livro que eu dei — as Cartas de Wagner ou um romance de Jacobsen.[59] Ela fica lutando para não dormir.

---

* Joyce deixou diversos fragmentos de diálogo escritos em folhas soltas. Como elas não foram datadas, é impossível determinar se são mais antigas ou mais novas do que as notas da Universidade de Bufallo. Os manuscritos pertencem à Universidade de Cornell e sua primeira publicação ocorreu em 1964.

Você diz que eu sou como o pai dela. Sabe o que sinto quanto olho para ela?

ROBERT
O quê?

RICHARD
Como se tivesse carregado o corpo dela no meu, no meu ventre.

ROBERT
E um homem consegue se sentir assim?

RICHARD
Os livros dela, a música, o fogo do pensamento roubado do altíssimo, de cujas chamas provieram toda a facilidade e toda a cultura, a graça com que ela cuida do corpo que nós desejamos — isso é obra de quem? Sinto que é minha. É minha obra e obra de outros como eu agora ou em outros momentos. Fomos nós que a concebemos e a demos à luz. Nossas mentes juntas como um rio são o ventre em que a gestamos.

II

RICHARD
Você estava falando da sua infância. Desde a nossa infância os nossos caminhos foram diferentes.

ROBERT
(*suspira*) Ah, sim.

RICHARD
Você pegou o caminho plano, aceitando ironicamente tudo em que não acreditava e construindo para o seu cor-

FRAGMENTOS DE DIÁLOGOS

po e para aquela função do seu corpo que eu imagino que você chame de alma toda uma paz de prudência, ironia e prazer.

ROBERT
E essas coisas são ruins?

RICHARD
Eu não as escolhi.

ROBERT
Eu sei. Como estava no meu caráter escolher essas coisas, estava no seu rejeitar.

RICHARD
Eu vivi sem prudência, arriscando tudo, destruindo tudo, para criar novamente.

ROBERT
E você vai criar. Sinto que vai.

RICHARD
Eu já fiz alguma coisa. Destruí e recriei à minha imagem e semelhança uma mulher.

ROBERT
Bertha?

RICHARD
Eu a levei embora comigo para o exílio e agora, depois de anos, a trago de volta novamente, refeita à minha imagem. E fiz isso por você.

ROBERT
Por mim?

RICHARD
Sim, por você, que não correu riscos e viveu com prudência.

ROBERT
(*sorriso fraco*) É um presente excêntrico, Richard, como o presenteador. Claro que você percebe que eu não tenho a menor intenção de aceitar. Não, você a transformou em algo novo e estranho. Ela é sua. Fique com ela.

RICHARD
Porque você tem a generosidade de me permitir?

III

ROBERT
Então o que você sentiu não foi ciúme.

RICHARD
Eu senti o que estou te dizendo — um anseio.

ROBERT
Nenhum ódio por mim? Mas como?

RICHARD
Até onde eu entendo, isso que você chama de ciúme pode ser esse anseio.

IV

BERTHA
Não, obrigada, Brigid. Só uma xícara de chá já está ótimo.

BRIGID
Ou uma torradinha?

FRAGMENTOS DE DIÁLOGOS

BERTHA
Não, obrigada.

BRIGID
Vai ver foram aquelas rainhas-cláudias de ontem que fize-
ram mal pro seu estômago, madame. Tem gente que não
pode com aquilo.

BERTHA
Deve ter sido.

[BRIGID *sai.*]

v

BERTHA
Queria nunca ter te conhecido.

RICHARD
Você gostaria de ser mais livre do que é agora.

BERTHA
Sim.

RICHARD
(*sofrendo*) Para poder ir com mais liberdade até aquela
casa à noite, para ver o seu amante.

BERTHA
(*pondo os braços nos ombros dele*) Isso, querido. Eu gos-
taria de nunca ter te conhecido. Queria que você fosse o
meu amante, esperando lá por mim.

RICHARD
Ou ele?

BERTHA

(*balançando a cabeça*) Você, querido. Quero te amar de novo. Quero te esquecer. (*dando um beijo nele*) Me ame, Dick. Me esqueça e me ame.

RICHARD

Quem você esqueceu foi ele ou eu?

BERTHA

Não. Eu me lembro de você. Você tem um jeito diferente de se entregar a uma mulher — um jeito mais bonito que o dele. (*alisa o cabelo de* RICHARD) Dick, nunca abrace aquela mulher como os homens abraçam.

RICHARD

Mulher? Quem?

BERTHA

Beatrice. Nunca. Deixe que ela sempre se lembre de você como eu estou te vendo agora.

RICHARD

E se isso acontecer você não vai sentir inveja dela?

BERTHA

Não. Quero que ela sempre se lembre de você, e sempre pense em você. Mas não como as outras. Porque ela também é um bom tipo de pessoa.

VI

ROBERT

Ciúme. Não o dos homens comuns, é claro. (*com um sorriso*) O de Richard Rowan.

FRAGMENTOS DE DIÁLOGOS

RICHARD
Eu me apaguei. Dei liberdade a vocês dois. Tentei me importar com você e com ela, ter consideração pelos dois. Era só eu ter proibido Bertha; e não proibi. Era só eu dizer a ela uma única palavra delicada a respeito — a respeito da nossa vida passada; e eu não disse. Deixei vocês dois livres.

ROBERT
Por nós?

RICHARD
Você acha que foi por mim?

ROBERT
Você teria nos deixado livres naquela época — nove anos atrás?

RICHARD
Você se encontrava sempre com ela naquela época, estando eu presente ou não.

ROBERT
Você teria nos dado a mesma liberdade naquela época? Responda.

RICHARD
Se ela tivesse desejado você, eu teria deixado ela ficar com você. Ela não desejou.

ROBERT
(*falando baixo*) Não, não desejou. Se tivesse, você não teria deixado ela ficar comigo. Pelo menos não é o jeito mais certo de dizer isso.

RICHARD
(*com simplicidade*) Não?

ROBERT

Você não teria que deixar; eu é que teria — nesse caso.
Não tenho razão?

RICHARD

(*vira-se para ele*) Tem.

ROBERT

(*balança a mão*) Isso é passado. Mas eu te pergunto: sabendo que naquele momento ela era sua, você teria, *naquele momento*, nos dado a liberdade que me deu agora — por nós?

RICHARD

Naquele momento, não.

ROBERT

(*apoia-se na mesa*) Naquele momento, não. Porque naquele momento você só tinha uma mulher no coração. É esse o motivo.

RICHARD

Você acha que agora...?

ROBERT

Sim, eu acho.

RICHARD

Foi Bertha quem te contou?

ROBERT

Eu estou dizendo isso sem ter ouvido. Eu conheço você e conheço (*aponta com o polegar por sobre o ombro*) minha interessante mas um tanto melancólica prima.

FRAGMENTOS DE DIÁLOGOS   213

[*Ele se recosta de novo na cadeira, sorrindo.* RICHARD
se levanta devagar e caminha de um lado para outro,
mãos nas costas.]

VII

ROBERT
(*depois de um longo silêncio*) As aparências estão contra
mim.

RICHARD
Você está dizendo que eu julgo pelas aparências?

ROBERT
Estou dizendo que você não pode entrar na minha cabe-
ça. Fui eu que conquistei minha liberdade.

RICHARD
Explique-se. Que liberdade?

ROBERT
Vou explicar. De nós dois, quem tem liberdade sou eu.
Nunca acreditei nisso de verdade, nem mesmo na infância.
Eu nunca lamentei, como você, os meus pecados. Não sei o
que é pecado. Nunca acreditei nas verdades do homem ou
da mulher. Eu mesmo nunca fui verdadeiro. Acreditar no
que ou em quem, se tudo é acaso e transformação? Eu me
libertei por dentro e por fora. Pouco me importam os laços
humanos ou legais, as leis e os preconceitos morais. Pouco
me importa até que a minha vida corresponda às minhas
ideias. Eu me guio pelas minhas descrenças. Nem mesmo
sinto a empolgação da revolta contra essas coisas. Essa é
a minha maior liberdade. É você, Richard, com todo esse
talento, que ainda é um escravo.

RICHARD
(*abalado mas calmo*) Como conheço bem a voz da tentação!

ROBERT
(*aproximando-se mais dele*) A voz da realidade. Ela não estava livre nem mesmo ontem à noite. Estava coberta pela sombra do medo que sente de você. A sua alma não está curada, Richard. Você a feriu — uma profunda ferida de dúvida que nem mesmo as palavras dela nem as minhas podem curar totalmente.

RICHARD
Seguir lutando com dúvidas não é tão nobre quanto lutar com fé?

ROBERT
Pode ser mais nobre. Eu ainda admiro o nobre amigo que você é, e amo ainda mais esse amigo por enxergar que ele também é vítima de um engano.

RICHARD
Engano? Porque acredito em mim... e nela?

ROBERT
Porque eu vejo, Richard, eu vejo que o seu tipo não é, como você gostaria de acreditar, o tipo de humanidade que virá depois de nós.

RICHARD
Mas você é esse tipo — é esse o seu engano?

ROBERT
Não sou — não totalmente.

RICHARD
Quem, então?

FRAGMENTOS DE DIÁLOGOS

ROBERT
Talvez... o seu filho. O seu filho sem crença, sem lei, sem
medo.

RICHARD
(*lentamente*) Archie!... E você?

ROBERT
Eu sou o padrinho dele.

[*Ele pega seu chapéu, que estava na mesa.*]

RICHARD
(*repete*) Talvez.

ROBERT
Eu disse *talvez* porque ele é seu. Podia dizer *quase certa-
mente* se...

RICHARD
Se...?

ROBERT
(*com um sorriso*) Se ele fosse meu.

VIII

BERTHA
(*passando o braço em volta da cintura dele*) Eu fui fiel a
você, Dick, não fui?

RICHARD
(*sorrindo*) Você sabe melhor que eu.

BERTHA
(*desviando os olhos*) Fui. Muito fiel. Eu me entreguei a
você. Você me aceitou e me deixou.

RICHARD
Eu te deixei!

BERTHA
Você me deixou, e eu fiquei esperando você voltar para mim.

RICHARD
(*perturbado*) Sim, entendo o que você quer dizer.

BERTHA
Ah, Dick, aquelas longas noites em Roma, o que eu tive que viver! Lembra do terraço da casa onde a gente morou?

RICHARD
Lembro.

BERTHA
Eu ficava sentada ali, esperando, com o coitadinho do nosso menino brincando, esperando até ele ficar com sono. Dava para ver a cidade toda, o sol se pondo e, bem embaixo de mim, o rio, o Tevere. Como é o nome do rio? Eu já esqueci.

RICHARD
Tibre.

BERTHA
Isso. Era lindo, Dick, só que eu estava tão triste... Estava sozinha, esquecida por você e por todos. Você tinha se cansado de mim porque eu era simples e inculta demais para uma pessoa como você. Eu achava que a minha vida tinha acabado, e a sua também.

RICHARD
Não tinha começado ainda.

FRAGMENTOS DE DIÁLOGOS

BERTHA
E eu ficava olhando o céu, tão lindo, sem nuvens, e a cidade que você dizia que era muito antiga. Só coisas elevadas e lindas. Mas elas me faziam chorar.

RICHARD
Por quê, querida?

BERTHA
Por eu ser tão inculta. Eu não sabia nada dessas coisas. E elas me comoviam mesmo assim.

IX

RICHARD
Eu também sofri.

BERTHA
Mas não como eu, Dick.

RICHARD
Sim. Eu sei o que você sentiu. Que eu estava dando a uma outra minhas partes mais requintadas, e a você só o que era grosseiro.

BERTHA
Eu não suportava isso. Eu tentava entender tudo da sua personalidade estranha. Mas isso não.

RICHARD
Eu via nos seus olhos. Um medo vago, o medo da vida. Eu ouvia na sua voz o seu pasmo. Você estava se perguntando o que era aquilo na vida, no próprio amor; e no seu coração você quase rezava para que aquilo não viesse, e até que para que a vida ou o amor morresse antes de aquilo chegar.

BERTHA

(*apontando para o peito*) Aqui, querido. No meu coração eu senti alguma coisa se quebrando. Foi isso que você viu nos meus olhos.

RICHARD

(*pega a mão dela, que beija apaixonadamente*) Ah, como eu te amava! Minha noivinha! Minha noivinha no exílio!

BERTHA

Será que eu te sou útil na vida, querido, em alguma coisa?

RICHARD

(*rindo, balança a cabeça*) Não, totalmente inútil!

BERTHA

Ah, fale! Eu quero saber.

X

BERTHA

Quando você me deu boa-noite, eu soube pela sua voz que você queria ficar sozinho. Eu fiquei tão triste, Richard. Seus lábios, quando você me beijou, estavam tão macios e tão frios! Eu não podia falar com você, como se o mundo estivesse entre nós. E quando eu fui para a cama, sozinha no quarto, no silêncio, e vi a lâmpada pequena acesa ali na cômoda fiquei pensando na minha infância.

RICHARD

(*com ternura*) Fale mais, meu amor.

BERTHA

Fiquei imaginando que eu estava no quarto em que eu dormia quando era menina, que nunca tinha passado pe-

FRAGMENTOS DE DIÁLOGOS

los braços de um homem, que ainda era inocente e jovem. Eu era inocente quando te conheci, Richard, não era?

RICHARD
(*tocando com os lábios a manga da roupa dela*) Sempre, sempre.

BERTHA
Imaginei que eu estava naquele quarto e via o quarto, a pequena lamparina de óleo queimando quieta perto da cama e que eu via o retrato de Robert Emmett[60] na parede. Sabe qual? O do uniforme verde, sem chapéu, olhos escuros. Aí...

RICHARD
E depois?

BERTHA
Depois pensei no Robert. Parecia que você tinha ido embora e que não ia voltar pra mim nunca mais. Parecia que você não estava pensando em mim, mas nela, e que talvez ele estivesse. Eu sentia saudade de alguém.

RICHARD
Como você pensou nele?

BERTHA
No nome, nos olhos e na voz dele quando diz o meu nome. Fiquei feliz de pensar que ele dorme sozinho, e disse o nome dele em voz baixa, pensando que talvez de alguma forma ele conseguisse me ouvir.

RICHARD
(*anda um pouco de um lado para outro em silêncio, depois se aproxima dela*) Bertha!

BERTHA
O quê?

RICHARD
Você sentiu que naquele momento estava começando a amar o Robert? Me diga a verdade.

BERTHA
(*com simplicidade*) Não. Eu amava você.

RICHARD
Mesmo naquele momento?

BERTHA
Eu sentia que tinha te perdido. Não conseguia entender o motivo. Era inútil pensar o que aquilo significava. Você estava perdido para mim.

XI

RICHARD
O que você desejava aconteceu — e o que eu desejava. Nesse caso, quando os acontecimentos foram determinados por nós, não podemos culpá-los.

Notas de *Exílios*

1   Após o abalo da amizade com Oliver St. John Gogarty, o casamento do amigo Thomas Kettle com Mary Sheehy e a intriga de Vincent Cosgrave a respeito de Nora Barnacle, Joyce teria criado o personagem Robert Hand como uma associação desses três homens. Um quarto ainda pode ter sido adicionado à personalidade de Robert: trata-se do editor do jornal triestino *Il Picollo della Sera*, Roberto Prezioso, que em dado momento se lançou a cortejar Nora. No início, Joyce achou isso estimulante para sua escrita literária, mas acusou Prezioso de trair sua amizade quando os avanços sobre a mulher se tornaram mais ousados. Richard Rowan, a contraparte de Robert, estaria mais próximo do próprio Joyce (cf. Cronologia e o ensaio "Tornando-se exilados", de Richard Ellmann, em Sugestões de leitura).

2   Área privilegiada na costa de Dublin.

3   Área residencial no sul de Dublin, mais próxima do centro do que Merrion.

4   Ano da última visita de Joyce à Irlanda (cf. Cronologia).

5   Cidade balneária do condado de Cork.

6   Referências à Itália serão recorrentes na peça. Joyce escreveu *Exílios* em Trieste.

7   Gabriel Conroy pensa algo muito semelhante sobre Greta Conroy em "Os mortos": "Se fosse pintor ele a pintaria naquela atitude" (*Dublinenses*. Trad. de Caetano W. Galindo. São Paulo: Penguin-Companhia das Letras, 2018, p. 243).

8	Conventos são associados à religião católica. Beatrice é protestante.
9	Também na vida de Joyce a morte da mãe foi um evento que deixou marcas profundas. O tema aparece na conversa entre Buck Mulligan e Stephen Dedalus já no primeiro episódio de *Ulysses*.
10	Ópera de Georges Bizet (1838-75) composta em 1875.
11	Antes de 1971, ano em que a Irlanda e o Reino Unido adotaram o sistema monetário decimal, doze *pence* equivaliam a um xelim, e vinte xelins equivaliam a uma libra.
12	Cidade costeira de Dublin rebatizada em 1920 como Dún Laoghaire.
13	Expressão alemã de origem latina que significa "à sua saúde".
14	Possivelmente a praia de Merrion, próxima da residência do casal.
15	É difícil determinar o que Robert quer dizer com "estrangeiros escuros" (*dark foreigners*); provavelmente é uma tentativa de se associar aos vikings ou a algum grupo sem relação direta com a Inglaterra com o intuito de se apresentar como irlandês acima de tudo.
16	Jonathan Swift (1667-1745), autor de *Viagens de Gulliver* (1726).
17	A traição foi o tema do primeiro poema de Joyce, "Et tu Healy", escrito em 1891, e aparece em seus poemas (cf. Cronologia e Notas desta edição).
18	Archibald Hamilton Rowan (1751-1834) foi um dos fundadores da Dublin Society of United Irishmen [Sociedade dos Irlandeses Unidos de Dublin], um grupo reformista protestante. Precisou exilar-se na França e nos Estados Unidos para escapar da prisão.
19	Cidade do Império Romano que foi palco da Batalha de Filipos (42 a.C.), ocorrida depois que Júlio César foi assassinado por homens liderados por Brutus e Cássio.
20	Ópera de 1845, do compositor Richard Wagner (1813-83).
21	"Em suma" (italiano).
22	Referência ao comentário que o papa Gregório (*c.* 540-604) teria feito ao ver anglo-saxões escravizados em Roma: "*Non angli sed angeli*", isto é "Não anglos,

NOTAS DE EXÍLIOS

mas anjos". O episódio teria inspirado Gregório a dar a Agostinho da Cantuária a missão de disseminar a fé cristã entre os britânicos em 595.

23   John Duns Scotus (c. 1266-1308), filósofo escocês, professor e autor de escritos teológicos. Ordenou-se padre em 1291. Segundo J. C. C. Mays, a expressão "morte do espírito" não é de Scotus, e Joyce já teria se equivocado antes, inclusive chamando o filósofo de irlandês (cf. obra de Joyce organizada por Mays em Sugestões de leitura).

24   Referência à comédia *Love's Labour's Lost* (1597), de William Shakespeare.

25   Referência a *A tempestade* (1611), de Shakespeare, em que Caliban diz: *"The isle is full of noises"* (III, ii). No texto da peça estabelecido por Keri Walsh (Oxford), Richard diz: *"The isle is full of voices"*, com *voices* (vozes) no lugar de *noises* (sons); na edição de Mays (Penguin), ele se expressa como Caliban.

26   Bairro de Dublin situado entre Ranelagh e Merrion.

27   Moeda de ouro no valor de uma libra.

28   Infusão de ervas de efeito restaurador.

29   Joyce era *babbo* ("papai" em italiano) para os filhos e *nonno* ("vovô" em italiano) para o neto.

30   Bairro costeiro de Dublin situado ao sul de Merrion.

31   Alfredo Oriani (1852-1909), autor de *La rivolta ideale* (1908), onde se encontra a frase citada.

32   A palavra *rituo* parece estar equivocada. A tradução poderia ser algo como "a doença sagrada que num ritual lunar prepara a mulher para o sacrifício". (N. T.)

33   Citação certamente feita de memória. Joyce altera a ordem da frase, mas mantém a lógica da sentença latina: "Associar a imagem da coisa amada com as partes pudendas e os fluidos de outro". (N. T.)

34   "Paixão irascível." (N. T.)

35   Joyce se refere aos cortes que Gustave Flaubert (1821-80) teve que fazer quando seu romance saiu em folhetim.

36   Marco Praga (1862-1929), autor de *La crisi* (1901), peça que tem o adultério como tema.

37   Giuseppe Giacosa (1847-1906), autor de *Tristi amori*

(1888), peça que trata de uma esposa que não cede ao adultério.

38 Rua de compras no centro de Dublin.

39 O *Thom's Official Directory* de 1904, guia de endereços de Dublin muito usado por Joyce durante a escrita de *Ulysses*, informava: "Existe agora um hipódromo em Leopardstown".

40 Roberto Prezioso (cf. nota 1).

41 Michael Bodkin (cf. nota ao poema "Ela chora por Rahoon").

42 Percy Bysshe Shelley (1792-1822) foi um dos mais importantes poetas românticos ingleses. Casou-se com Mary Wollstonecraft Shelley (*née* Godwin) (1797-1851), autora de *Frankenstein* (1818). Morreu em um naufrágio. Seu corpo foi cremado e seus restos transferidos para o Cemitério Protestante de Roma em 1823.

43 Possivelmente Michael Feeney, de quem Nora tinha se enamorado antes de Michael Bodkin. Como Bodkin, foi enterrado no Cemitério de Rahoon. Mays (cf. obra de Joyce organizada por Mays em Sugestões de leitura) nos lembra que Brenda Maddox, na biografia de Nora (1988), sugere não apenas que o Kearns de *Exílios* seja Michael Feeney, mas também que Joyce tenha fundido no personagem Michael Furey, de "Os mortos", as pessoas de Michael Finney e Michael Bodkin.

44 Wotan e Siegfried são personagens do ciclo de óperas *O anel do nibelungo*, de Wagner.

45 Cf. o poema XI de *Récita privada*.

46 O filósofo Arthur Schopenhauer (1788-1860) escreveu um ensaio muito negativo sobre as mulheres em 1851.

47 Amiga de infância de Nora que emigrou para os Estados Unidos.

48 Referência à ópera *Tristão e Isolda* (1865), de Wagner.

49 As palavras "sadismo" e "masoquismo" tiveram origem nos nomes do francês Donatien Alphonse François de Sade, o Marquês de Sade (1740-1814), e do austríaco Leopold von Sacher-Masoch (1836-95). Richard Freiherr von Krafft-Ebing (1840-1902) foi o psiquiatra que cunhou o termo "masoquismo", para desagrado de Sacher-Masoch.

NOTAS DE EXÍLIOS

50 "Emissão da semente no vaso natural." (N. T.)

51 Personagens das seguintes peças de Henrik Ibsen, nesta ordem: *Hedda Gabler* (1890), *Rosmersholm* (1886) e *O pequeno Eyolf* (1894).

52 David Hume (1711-76), George Berkeley (1685-1753), Arthur James Balfour (1848-1930), Henri Bergson (1859-1941).

53 Charles Paul de Kock (1793-1871), romancista francês que Molly Bloom gosta de ler em *Ulysses*.

54 François Rabelais (entre 1483 e 1494-1553) e Jean-Baptiste Poquelin, conhecido por Molière (1622-73).

55 "Cepa gaulesa." (N. T.)

56 *George Dandin ou le mari confondu* [George Dandin ou o marido confundido], de 1668, é um balé-comédia de Molière, e *Sganarelle ou le cocu imaginaire* [Sganarelle ou o corno imaginário], de 1660, é uma comédia do mesmo autor. Com *Le Cocu* [O corno], Joyce parece se referir ao terceiro livro de *Gargântua e Pantagruel*, de Rabelais (obra publicada em cinco livros entre 1432 e 1564).

57 Katharine O'Shea (1846-1921) era casada com o capitão William O'Shea, mas mantinha um caso com o líder do movimento pela independência da Irlanda, Charles Stewart Parnell (1846-91). A descoberta do caso extraconjugal abalou a reputação de Parnell na Irlanda.

58 Em 1152, após uma batalha, Dervorgila teria abandonado Tiernan O'Rourke, príncipe de Breffni, para viver com Dermot MacMurrough, rei de Leinster. A outra versão é a de que ela foi raptada por MacMurrough. Depois do abandono ou rapto, Dervorgila voltou para O'Rourke.

59 Jens Peter Jacobsen (1847-85), escritor dinamarquês.

60 Membro da Sociedade dos Irlandeses Unidos, nascido em 1778 e executado em 1803.

Poemas

Récita privada

[*Chamber Music*, 1907]

I

Strings in the earth and air
    Make music sweet;
Strings by the river where
    The willows meet.

There's music along the river
    For Love wanders there,
Pale flowers on his mantle
    Dark leaves on his hair.

All softly playing,
    With head to the music bent,
And fingers straying
    Upon an instrument.

I

Cordas em terra e ar
  Soam música doce,
Cordas no rio onde o par
  De salgueiros fosse.

Há música no rio portanto:
  O Amor vaga em seu zelo,
Claras flores têm no manto,
  Folhas negras no cabelo.

Tudo toca com doçura,
  Testa baixa em seu intento,
E a mão que assim segura
  Um instrumento.

II

The twilight turns from amethyst
    To deep and deeper blue,
The lamp fills with a pale green glow
    The trees of the avenue.

The old piano plays an air,
    Sedate and slow and gay;
She bends upon the yellow keys,
    Her head inclines this way.

Shy thoughts and grave wide eyes and hands
    That wander as they list —
The twilight turns to darker blue
    With lights of amethyst.

II

A tarde vai de um ametista
    A azul tão mais escuro,
Na rama o poste da avenida
    Põe brilho verde e puro.

Ária soa num piano antigo,
    Tom calmo e animado;
Curvada sobre as teclas sujas,
    Cabeça assim de lado.

Tímida, olhos, mãos errantes
    Atenta ouve a solista —
A tarde vai a azul-escuro,
    Matizes de ametista.

III

At that hour when all things have repose,
  O lonely watcher of the skies,
  Do you hear the night wind and the sighs
Of harps playing unto Love to unclose
  The pale gates of sunrise?

When all things repose do you alone
  Awake to hear the sweet harps play
  To Love before him on his way,
And the night wind answering in antiphon
  Till night is overgone?

Play on, invisible harps, unto Love
  Whose way in heaven is aglow
  At that hour when soft lights come and go,
Soft sweet music in the air above
  And in the earth below.

III

No tempo em que vai tudo repousar,
  Vigia solitário dessa hora,
  Ouves noturnos ventos fora,
Arfam harpas para Amor descerrar
  Os pórticos da aurora?

Quando repousa tudo, ao despertar
  As harpas ouvirás sozinho
  Para Amor abrindo seu caminho,
E o vento em voz antifonal
  Até a noite ter final?

Tocai, secretas harpas, para Amor,
  No céu, trilhando na cintilação
  Enquanto luzes leves vêm e vão,
Tons doces, leves, no ar superior
  E abaixo, aqui no chão.

IV

When the shy star goes forth in heaven
    All maidenly, disconsolate,
Hear you amid the drowsy even
    One who is singing by your gate.
His song is softer than the dew
    And he is come to visit you.

O bend no more in revery
    When he at eventide is calling
Nor muse: Who may this singer be
    Whose song about my heart is falling?
Know you by this, the lover's chant,
    'Tis I that am your visitant.

IV

Se a estrela vai no firmamento,
    Tão recatada, em aflição,
Ouve no ocaso sonolento
    Alguém que canta em teu portão.
De voz mais doce que o sereno
    Ele oferece seu aceno.

Não caias mais em devaneio
    Quando ele então te chama,
Nem pense: qual a voz que veio
    E o canto sobre mim derrama?
Conheça pelo som do amante,
    Sou eu aquele visitante.

V

Lean out of the window,
   Goldenhair,
I heard you singing
   A merry air.

My book is closed;
   I read no more,
Watching the fire dance
   On the floor.

I have left my book:
   I have left my room:
For I heard you singing
   Through the gloom,

Singing and singing
   A merry air.
Lean out of the window,
   Goldenhair.

V

Debruça-te à janela,
   Tu, dourada.
Escuto, estás cantando
   Ária animada.

Fechado meu livro,
   Deixei a lição,
Olho a dança das chamas
   Sobre o chão.

Abandonado o livro,
   Meu quarto abandonei,
Depois de que no escuro
   Eu te escutei.

Cantando, cantando
   Uma ária animada,
Debruça-te à janela,
   Tu, dourada.

VI

I would in that sweet bosom be
    (O sweet it is and fair it is!)
Where no rude wind might visit me.
    Because of sad austerities
I would in that sweet bosom be.

I would be ever in that heart
    (O soft I knock and soft entreat her!)
Where only peace might be my part.
    Austerities were all the sweeter
So I were ever in that heart.

VI

Quisera em doce seio estar
    (É doce e belo, e como o quero!)
Sem ventos rudes suportar.
    Depois de desconsolo austero
Quisera em doce seio estar.

Quisera sempre o coração
    (Suave peço, e bato à porta!)
Que só contém consolação.
    Austeridade pouco importa
Estando eu nesse coração.

VII

My love is in a light attire
   Among the appletrees
Where the gay winds do most desire
   To run in companies.

There, where the gay winds stay to woo
   The young leaves as they pass,
My love goes slowly, bending to
   Her shadow on the grass;

And where the sky's a pale blue cup
   Over the laughing land,
My love goes lightly, holding up
   Her dress with dainty hand.

VII

Quem amo segue em traje leve
  Por entre as macieiras,
Onde a brisa boa se atreve
  E busca companheiras.

Lá, onde a brisa roça as folhas
  A declarar que as ama,
Ela se curva lenta e olha
  A sombra sobre a grama.

Onde o céu é taça azulada,
  Sobre o solo garrido,
Ela segue, e sobe delicada
  A barra do vestido.

VIII

Who goes amid the green wood
   With springtide all adorning her?
Who goes amid the merry green wood
   To make it merrier?

Who passes in the sunlight
   By ways that know the light footfall?
Who passes in the sweet sunlight
   With mien so virginal?

The ways of all the woodland
   Gleam with a soft and golden fire —
For whom does all the sunny woodland
   Carry so brave attire?

O, it is for my true love
   The woods their rich apparel wear —
O, it is for my own true love,
   That is so young and fair.

VIII

Quem segue em meio à mata verde
  Ornada de estações florais?
Quem segue em meio à alegre mata verde
  Por alegrá-la mais?

Quem passa sob o sol
  Por trilha que seus pés conhece?
Quem passa sob o doce sol
  Tão casta que enternece?

As trilhas da mata inteira
  Reluzem, ouros calmos, vivos —
Por quem a ensolarada mata inteira
  Põe trajes tão altivos?

Ah, é pelo meu amor
  Que a mata se põe suntuosa —
Ah, é por meu vero amor,
  Que é jovem, que é formosa.

IX

Winds of May, that dance on the sea,
    Dancing a ringaround in glee
From furrow to furrow, while overhead
The foam flies up to be garlanded
In silvery arches spanning the air,
Saw you my true love anywhere?
       Welladay! Welladay!
      For the winds of May!
    Love is unhappy when love is away!

IX

Ventos de maio, que dançam no mar,
　　Alegres à roda a dançar
De sulco em sulco, enquanto voa
Acima a espuma por coroa,
Em arcos prata em sua cor,
Acaso vistes meu amor?
　　　　Lamente! Lamente!
　　　　É maio! Que vente!
　　　O amor entristece se o amor fica ausente!

X

Bright cap and streamers,
   He sings in the hollow:
   Come follow, come follow,
    All you that love.
Leave dreams to the dreamers
   That will not after,
   That song and laughter
    Do nothing move.

With ribbons streaming
   He sings the bolder;
   In troop at his shoulder
    The wild bees hum.
And the time of dreaming
   Dreams is over —
   As lover to lover,
    Sweetheart, I come.

X

Gorro, fitas, tantas cores,
  Canta ele no entremontes:
  Vinde às fontes, vinde às fontes,
    Vós que amais.
Sonho é para sonhadores
  De desejos indecisos,
  Que cantos, que risos,
    Não movem jamais.

Com fitas, risonho
  Cantor decidido,
  Em meio ao zumbido
    De abelhas do ar.
E o tempo do sonho
  Já foi o bastante —
  Amor, venho, de amante,
    Da vida, gozar.

XI

Bid adieu, adieu, adieu,
  Bid adieu to girlish days.
Happy Love is come to woo
  Thee and woo thy girlish ways —
The zone that doth become thee fair,
The snood upon thy yellow hair,

When thou hast heard his name upon
  The bugles of the cherubim
Begin thou softly to unzone
Thy girlish bosom unto him
And softly to undo the snood
That is the sign of maidenhood.

XI

Diz adeus, adeus, adeus
    Adeus aos dias de menina
Vem Amor conquistar teus
    Ademanes, pequenina —
A cinta que te faz tão bela
A touca na trança amarela,

Se o nome dele for tocado
    Pelo clarim do querubim
A cinta, lenta, põe de lado
E mostra o seio teu enfim
E, lenta, a touca então abjura,
Que é o sinal da vida pura.

XII

What counsel has the hooded moon
    Put in thy heart, my shyly sweet,
Of Love in ancient plenilune,
    Glory and stars beneath his feet —
A sage that is but kith and kin
With the comedian capuchin?

Believe me rather that am wise
    In disregard of the divine.
A glory kindles in those eyes,
    Trembles to starlight. Mine, O mine!
No more be tears in moon or mist
For thee, sweet sentimentalist.

XII

Que ideia a lua encapuzada
    De Amor no plenilúnio ancião,
Propôs-te, minha doce amada,
    Com glória e estrelas pelo chão?
A face dela é só o focinho
Do histrião que é o capuchinho!

Crê mais em mim que sábio sou,
    A divindade é comezinha,
Pois glória em olhos se abrasou
    E fez-se em astros. Minha, a minha!
Não mais a lua te contrista,
Ó doce sentimentalista.

XIII

Go seek her out all courteously
  And say I come,
Wind of spices whose song is ever
  Epithalamium.
O, hurry over the dark lands
  And run upon the sea
For seas and lands shall not divide us,
  My love and me.

Now, wind, of your good courtesy
  I pray you go
And come into her little garden
  And sing at her window;
Singing: The bridal wind is blowing
  For Love is at his noon;
And soon will your true love be with you,
  Soon, O soon.

XIII

Cortês, proclame meu chamado,
 E brame-o,
Vento oriente cujo canto é
 Epitalâmio.
Ah, voe sobre a terra negra,
 E corra pelo mar
Distância alguma estes amantes
 Pode separar.

Pois, vento, peço que cortês,
 Alcance a ela,
E cante então em seu jardim,
 Sua janela;
Cantando: Amor estando a pino,
 Eu núbil sopro agora;
E logo chega o teu amor,
 Ah, sem demora.

XIV

My dove, my beautiful one,
  Arise, arise!
  The nightdew lies
Upon my lips and eyes.

The odorous winds are weaving
  A music of sighs:
  Arise, arise,
My dove, my beautiful one!

I wait by the cedar tree,
  My sister, my love.
  White breast of the dove,
My breast shall be your bed.

The pale dew lies
  Like a veil on my head.
  My fair one, my fair dove,
Arise, arise!

XIV

Minha pomba, minha linda,
   Voa, voa!
   O orvalho coroa
Meus olhos e boca.

Cheirosos ventos tecem
   Suspiro que soa:
   Voa, Voa,
Minha pomba, minha linda!

Espero junto ao cedro,
   Irmã, amada minha,
   Pomba que me aninha,
Meu peito então será teu leito.

Claro orvalho coroa
   Como véu a minha fronte.
   Minha linda, linda pomba,
Voa, voa!

XV

From dewy dreams, my soul, arise,
    From love's deep slumber and from death,
For lo! the trees are full of sighs
    Whose leaves the morn admonisheth.

Eastward the gradual dawn prevails
    Where softly burning fires appear,
Making to tremble all those veils
    Of grey and golden gossamer.

While sweetly, gently, secretly,
    The flowery bells of morn are stirred
And the wise choirs of faery
    Begin (innumerous!) to be heard.

XV

De mádidas visões desperta,
  Do amar, minh'alma, e do morrer.
Na mata de cicios coberta,
  Se Aurora vem às folhas ter.

Aos poucos Alva sobe ao céu
  Em brandas flamas ateadas,
E inteiro faz tremer o véu
  De gazes gris, gazes douradas.

Revêm campânulas florais,
  Secreto e terno despertar.
Feéricos, sábios corais
  Começam (tantos!) a soar.

XVI

O cool is the valley now
  And there, love, will we go
For many a choir is singing now
  Where Love did sometime go.
And hear you not the thrushes calling,
  Calling us away?
O cool and pleasant is the valley
  And there, love, will we stay.

XVI

Ah, que fresco o vale agora
  Aonde vamos, meu amor
Pois há tantos corais cantando agora
  Lá onde antes ia Amor.
Não ouves nos dizer a ave
  Que nos encaminhemos?
Ah, que fresco e doce o vale,
  E ali, amor, nós ficaremos.

XVII

Because your voice was at my side
   I gave him pain,
Because within my hand I had
   Your hand again.

There is no word nor any sign
   Can make amend —
He is a stanger to me now
   Who was my friend.

XVII

Por ter comigo a tua voz,
  Dei-lhe aflição,
Porque de novo eu segurava
  A tua mão.

Palavras, nem sinais alguns
  Darão abrigo —
É estranho a mim agora,
  Quem foi amigo.

XVIII

O sweetheart, hear you
   Your lover's tale;
A man shall have sorrow
   When friends him fail.

For he shall know then
   Friends be untrue
And a little ashes
   Their words come to.

But one unto him
   Will softly move
And softly woo him
   In ways of love.

His hand is under
   Her smooth round breast;
So he who has sorrow
   Shall have rest.

XVIII

Amada, escuta agora
   Eu te dizer;
É mágoa um amigo
   Alguém perder.

Ele conhece então
   Seu fingimento,
E viram meras cinzas
   Os juramentos.

Mas, doce, a ele alguém
   Se vai propor,
E doce seduzi-lo
   Com dons de amor.

Traz ele a mão por sob
   O liso seio;
E então quem teve mágoa
   Encontra esteio.

XIX

Be not sad because all men
  Prefer a lying clamour before you:
Sweetheart, be at peace again —
  Can they dishonour you?

They are sadder than all tears;
  Their lives ascend as a continual sigh.
Proudly answer to their tears:
  As they deny, deny.

XIX

Não se entristeça se eles querem mais
    Mentir abertamente ante você:
Querida, volte a estar em paz —
    Vão desonrar você?

São mais tristes do que as lágrimas;
    Sussurros, suas vidas se despegam.
Responda altiva a suas lágrimas:
    Renega enquanto negam.

XX

In the dark pinewood
    I would we lay,
In deep cool shadow
    At noon of day.

How sweet to lie there,
    Sweet to kiss,
Where the great pine forest
    Enaisled is!

Thy kiss descending
    Sweeter were
With a soft tumult
    Of thy hair.

O, unto the pinewood
    At noon of day
Come with me now,
    Sweet love, away.

XX

No pinheiral queria
 Deitar contigo
No sol a pino
 Com sombra e abrigo.

Que doce estar ali,
 E te beijar,
Onde a grande mata
 Islada está!

Teu beijo desce
 Em doce selo
Leve tumulto
 Em teu cabelo.

Ah, no sol a pino
 Aos pinhos ir,
Vem já comigo,
 Amor, fugir.

XXI

He who hath glory lost nor hath
  Found any soul to fellow his,
Among his foes in scorn and wrath
  Holding to ancient nobleness,
That high unconsortable one —
His love is his companion.

XXI

Sem encontrar, perdida a glória,
  Alma da mesma natureza,
Cercado de desprezo e fúria,
  Ele sustém velha nobreza,
Sem par, um ser tão elevado —
É seu amor quem leva ao lado.

XXII

Of that so sweet imprisonment
    My soul, dearest, is fain —
Soft arms that woo me to relent
    And woo me to detain.
Ah, could they ever hold me there,
Gladly were I a prisoner!

Dearest, through interwoven arms
    By love made tremulous,
That night allures me where alarms
    Nowise may trouble us
But sleep to dreamier sleep be wed
Where soul with soul lies prisoned.

XXII

Teria em tão doce prisão,
 Querida, minh'alma vivido —
De braços presa em sedução,
 Eu, preso, seduzido.
Se ali passasse o tempo inteiro,
Feliz seria prisioneiro!

Teus braços, querida, entrançados
 Que o amor faz tremular,
Atraem-me à noite que brados
 Não podem perturbar
E ao sono o sono então se abraça
Minh'alma a tua toca, enlaça.

XXIII

This heart that flutters near my heart
   My hope and all my riches is,
Unhappy when we draw apart
   And happy between kiss and kiss;
My hope and all my riches — yes! —
And all my happiness.

For there, as in some mossy nest
   The wrens will divers treasures keep,
I laid those treasures I possessed
   Ere that mine eyes had learned to weep.
Shall we not be as wise as they
Though love live but a day?

XXIII

Peito que vibra junto ao meu
    Riqueza minha e meu ensejo,
Triste, se a distância cresceu.
    Feliz de um beijo a um outro beijo;
Riqueza e ensejo seja — sim! —
Felicidade em mim.

Pois lá, como em musgoso ninho
    Tesouros aves vão guardar,
Dispus tesouros que detinha
    Bem antes de saber chorar.
Não vale amor tal cortesia,
Mesmo que dure um dia?

XXIV

Silently she's combing,
  Combing her long hair,
Silently and graciously,
  With many a pretty air.

The sun is in the willow leaves
  And on the dappled grass
And still she's combing her long hair
  Before the lookingglass.

I pray you, cease to comb out,
  Comb out your long hair,
For I have heard of witchery
  Under a pretty air,

That makes as one thing to the lover
  Staying and going hence,
All fair, with many a pretty air
  And many a negligence.

XXIV

Silente ela penteia,
   Penteia seu cabelo,
Silente e graciosa,
   Com ares de desvelo.

Há sol nas folhas do salgueiro,
   Que filtra-se no chão,
E ela ainda se penteia
   No espelho em reflexão.

Venho pedir, não mais penteies,
   Penteies teu cabelo,
Pois dizem existir feitiços
   Por sob um tal desvelo,

E o amante, entre ir e vir,
   Não sente preferência,
Tão bela, com tanto desvelo
   E certa negligência.

XXV

Lightly come or lightly go
    Though thy heart presage thee woe,
Vales and many a wasted sun,
    Oread let thy laughter run
Till the irreverent mountain air
Ripple all thy flying hair.

Lightly, lightly — ever so:
    Clouds that wrap the vales below
At the hour of evenstar
    Lowliest attendants are:
Love and laughter songconfessed
When the heart is heaviest.

XXV

Passa leve, leve tanto:
 Mesmo que pressintas pranto,
Vales, sóis tornados nada,
 Ninfa, solta a gargalhada
Para o irreverente ar
Teus cabelos ondular.

Leve, leve — tão e tanto:
 Nuvens postas como manto
Que Vésper no vale espraia,
 Nada mais são que lacaia;
Riso e amor feitos canção
Quando pesa o coração.

XXVI

Thou leanest to the shell of night,
    Dear lady, a divining ear.
In that soft choiring of delight
    What sound hath made thy heart to fear?
Seemed it of rivers rushing forth
From the grey deserts of the north?

That mood of thine, O timorous,
    Is his, if thou but scan it well,
Who a mad tale bequeaths to us
    At ghosting hour conjurable —
And all for some strange name he read
In Purchas or in Holinshed.

XXVI

Ouvindo a concha das estrelas,
    Pretendes, Dama, predizer.
No canto dessas vozes belas,
    Que som teu peito fez tremer?
Lembrava um rio que jorra forte
De gris deserto mais ao norte?

O teu humor, ó temorosa,
    Vem dele, se não julgas mal,
Que lega uma lenda espantosa
    Ouvida em hora fantasmal —
E tudo por um nome estranho
Que leu nas crônicas d'antanho.

XXVII

Though I thy Mithridates were
   Framed to defy the poisondart,
Yet must thou fold me unaware
   To know the rapture of thy heart
And I but render and confess
The malice of thy tenderness.

For elegant and antique phrase,
   Dearest, my lips wax all too wise;
Nor have I known a love whose praise
   Our piping poets solemnise,
Neither a love where may not be
Ever so little falsity.

XXVII

Se eu, como Mitrídates, tente
   Afrontar seta e danação,
Irás prender-me, inconsciente,
   Por desfrutar teu coração,
E eu só concedo e aceito a pura
Maldade da tua ternura.

A velha voz, de alto tenor,
   Sábios, meus lábios já não visam
Nem sei do amor cujo louvor
   Nossos poetas solenizam,
Nem de outro amor sem provimento
De um mínimo de fingimento.

XXVIII

Gentle lady, do not sing
    Sad songs about the end of love;
Lay aside sadness and sing
    How love that passes is enough.

Sing about the long deep sleep
    Of lovers that are dead and how
In the grave all love shall sleep.
    Love is aweary now.

XXVIII

Fina dama, não mais cantes
    Tais trenos sobre o fim do amor;
Que sem ter tristeza cantes
    O amor que passa, e seu valor.

Canta o longo e fundo sono
    De quem amou e é falecido,
Na cova amor tem seu sono:
    O amor está exaurido.

XXIX

Dear heart, why will you use me so?
  Dear eyes that gently me upbraid
Still are you beautiful — but O,
  How is your beauty raimented!

Through the clear mirror of your eyes,
  Through the soft sigh of kiss to kiss,
Desolate winds assail with cries
  The shadowy garden where love is.

And soon shall love dissolved be
  When over us the wild winds blow —
But you, dear love, too dear to me,
  Alas! why will you use me so?

XXIX

Amor, por que tens tal intento?
    Olhar que adverte com fineza,
És lindo ainda, mas lamento,
    Que trajes traz tua beleza!

No espelho bom do teu olhar,
    Pelo suspiro de entre beijos,
Vem vento triste atormentar
    A sombra fresca onde Amor vejo.

Vai logo o amor se dissolver,
    Se em nós feroz soprar o vento —
Querida, amor que prezo ter,
    Mas, ai! por que tens tal intento?

XXX

Love came to us in time gone by
    When one at twilight shyly played
And one in fear was standing nigh —
    For Love at first is all afraid.

We were grave lovers. Love is past
    That had his sweet hours many a one.
Welcome to us now at the last
    The ways that we shall go upon.

XXX

O amor nos veio no passado
   Quando um brincava ao sol poente
E o outro olhava amedrontado —
   De início, Amor só medo sente.

Amamos fundo. E teve fim
   Com horas doces, tão sem par;
Bem-vindas nos sejam enfim
   As vias que hemos de trilhar.

XXXI

O, it was out by Donnycarney
  When the bat flew from tree to tree
My love and I did walk together
  And sweet were the words she said to me.

Along with us the summer wind
  Went murmuring — O, happily! —
But softer than the breath of summer
  Was the kiss she gave to me.

XXXI

Ah, foi perto lá de Donnycarney
    Quando o morcego esvoaçava
Que caminhamos lado a lado
    E com doçura ela falava.

Conosco o vento do verão
    Que — tão feliz — só murmurava,
Ainda mais suave era
    O beijo que ela me dava.

XXXII

Rain has fallen all the day
   O come among the laden trees.
The leaves lie thick upon the way
   Of memories.

Staying a little by the way
   Of memories shall we depart.
Come, my beloved, where I may
   Speak to your heart.

XXXII

Choveu durante todo o dia.
    Ah, vem entre a vegetação:
Há tantas folhas sobre a via
    Da rememoração.

Breve detidos junto à via
    Havemos de nos separar.
Amor, vem onde eu poderia
    Sincero te falar.

XXXIII

Now, O now, in this brown land
    Where Love did so sweet music make
We two shall wander, hand in hand,
    Forbearing for old friendship' sake
Nor grieve because our love was gay
Which now is ended in this way.

A rogue in red and yellow dress
    Is knocking, knocking at the tree
And all around our loneliness
    The wind is whistling merrily.
The leaves — they do not sigh at all
When the year takes them in the fall.

Now, O now, we hear no more
    The vilanelle and roundelay!
Yet will we kiss, sweetheart, before
    We take sad leave at close of day.
Grieve not, sweetheart, for anything —
The year, the year is gathering.

XXXIII

Agora, em castanha nação
  Onde soaram tons de amor
Caminharemos, mão na mão,
  Pois a amizade tem valor,
Sem dor por ver amor assim,
Outrora alegre, ter seu fim.

Velhaco em trajes aurirrubros
  No tronco bate, persistente;
E em torno a nós então descubro
  Que o vento sopra alegremente.
A folha — muda — nunca chora
Quando outro outono a leva embora.

Agora não vão mais soar
  A vilanela e a cantoria!
E ainda vamos nos beijar
  Antes do adeus ao fim do dia.
Não sintas dor, amor, por nada —
O outono encerra a temporada.

XXXIV

Sleep now, O sleep now,
  O you unquiet heart!
A voice crying 'Sleep now'
  Is heard in my heart.

The voice of the winter
  Is heard at the door.
O sleep for the winter
  Is crying 'Sleep no more!'

My kiss will give peace now
  And quiet to your heart —
Sleep on in peace now,
  O you unquiet heart!

XXXIV

Ah, dorme, dorme agora,
   Inquieto coração!
Um grito "Dorme agora"
   Soa em meu coração.

O grito do inverno
   Soou nos portais.
Ah, dorme, pois o inverno
   Grita "Não durmas mais".

Meu beijo é paz agora
   Para o teu coração —
Vai, dorme em paz agora,
   Inquieto coração!

XXXV

All day I hear the noise of waters
   Making moan
Sad as the seabird is when going
   Forth alone
He hears the winds cry to the waters'
   Monotone.

The grey winds, the cold winds are blowing
   Where I go.
I hear the noise of many waters
   Far below.
All day, all night, I hear them flowing
   To and fro.

XXXV

Escuto o dia todo a água
   Tão tristonha
Gemendo como ao mar voando
   Uma cegonha
Ouve que o vento grita à água
   Enfadonha

Gris, ventos frios estão soprando
   Aonde vou
Eu ouço o som de tanta água
   Que tombou
E dia e noite está jorrando
   E já jorrou.

XXXVI

I hear an army charging upon the land
   And the thunder of horses plunging, foam about their
                                    [knees.
Arrogant, in black armour, behind them stand,
   Disdaining the reins, with fluttering whips,
                          [the charioteers.

They cry unto the night their battlename:
   I moan in sleep when I hear afar their whirling laughter.
They cleave the gloom of dreams, a blinding flame,
   Clanging, clanging upon the heart as upon an anvil.

They come shaking in triumph their long green hair:
   They come out of the sea and run shouting by the shore.
My heart, have you no wisdom thus to despair?
   My love, my love, my love, why have you left me alone?

XXXVI

Ouço um exército que invade esta terra,
  E o trovão dos cavalos vindo, espuma nos jarretes:
Arrogantes, negras couraças de guerra,
  Rédea solta, açoites vibrando, os cocheiros das bigas.

Soam na noite seus nomes medonhos:
  Gemo dormindo com o turbilhão de seu riso.
Chama que cinde a escuridão dos sonhos,
  E tine, retine no peito feito bigorna.

Triunfais, cabelo esverdeado ao vento:
  Eles vêm do mar correndo aos gritos pela praia.
Meu peito, por que então cais neste lamento?
  Amor, amor, amor, por que me deixaste só?

Trocados porversos

[Pomes Penyeach, 1927]

TILLY

He travels after a winter sun,
Urging the cattle along a cold red road,
Calling to them, a voice they know,
He drives his beasts above Cabra.

The voice tells them home is warm.
They moo and make brute music with their hoofs.
He drives them with a flowering branch before him,
Smoke pluming their foreheads.

Boor, bond of the herd,
Tonight stretch full by the fire!
I bleed by the black stream
For my torn bough!

Dublin, 1904

QUEBRA

Viaja atrás de um sol de inverno
Instando as vacas numa rubra trilha fria,
Chamando, uma voz conhecida,
Tange as bestas sobre a vila.

A voz lhes diz que o lar é quente.
Mugindo, troam música nos cascos.
Tange tendo à frente um ramo em flor,
Fumaça evola-se entre cornos.

Labrego, liame do rebanho,
Estica-te hoje à noite junto ao fogo!
Eu sangro à margem do ribeiro negro
Por meu ramo arrancado!

Dublin, 1904

WATCHING THE NEEDLEBOATS AT SAN SABBA

I heard their young hearts crying
Loveward above the glancing oar
And heard the prairie grasses sighing:
No more, return no more!

O hearts, O sighing grasses,
Vainly your loveblown bannerets mourn!
No more will the wild wind that passes
Return, no more return.

Trieste, *1912*

OLHANDO OS BOTES EM SAN SABBA

Ouvi seus jovens corações gritando
Rumo amor, remando junto ao cais.
Ouvi campinas suspirando:
Jamais, não tornes mais!

Ah, corações, campinas e seus ais,
Em vão suas faixas de amor vão chorar!
O vento que varre feroz não vai mais
Tornar, jamais tornar.

Trieste, 1912

A FLOWER GIVEN TO MY DAUGHTER

Frail the white rose and frail are
Her hands that gave
Whose soul is sere and paler
Than time's wan wave.

Rosefrail and fair — yet frailest
A wonder wild
In gentle eyes thou veilest,
My blueveined child.

Trieste, *1913*

UMA FLOR DADA A MINHA FILHA

Frágil rosa branca e frágil
A mão que a estende
Alma clara menos ágil
Que a mão do tempo.

Flormente frágil, bela — mas ainda
Maior maravilha
Tu velas em miradas lindas,
Veias finas, minha filha.

Trieste, 1913

SHE WEEPS OVER RAHOON

Rain on Rahoon falls softly, softly falling,
Where my dark lover lies.
Sad is his voice that calls me, sadly calling,
At grey moonrise.

Love, hear thou
How soft, how sad his voice is ever calling,
Ever unanswered, and the dark rain falling,
Then as now.

Dark too our hearts, O love, shall lie and cold
As his sad heart has lain
Under the moongrey nettles, the black mould
And muttering rain.

Trieste, *1913*

ELA CHORA POR RAHOON

Chuva em Rahoon cai leve, leve cai,
Onde jaz meu amado
Triste sua voz que me chama, e se esvai,
No luarcinzentado.

Amor, presta atenção
Quão leve a triste voz se esvai,
Irrespondida, enquanto a chuva cai,
Agora como então.

E triste o nosso coração, Amor,
Como o dele jaz frio
Sob urtigas grisluar, e bolor,
Sob a chuva em balbucio.

Trieste, 1913

TUTTO È SCIOLTO

A birdless heaven, seadusk, one lone star
Piercing the west,
As thou, fond heart, love's time, so faint, so far,
Rememberest.

The clear young eyes' soft look, the candid brow,
The fragrant hair,
Falling as through the silence falleth now
Dusk of the air.

Why then, remembering those shy
Sweet lures, repine
When the dear love she yielded with a sigh
Was all but thine?

Trieste, 1914

TUTTO È SCIOLTO

Sem aves, astro só no mar poente
Perfura o oeste,
E o tempo terno, tênue, quase ausente
Não esqueceste.

A fronte franca, a trança perfumada
O claro olhar,
Caindo como agora na calada
O pôr do ar.

Por que teus ais, lembrando o amor
Que ela cedeu,
E que entre ardis, acanhamento e ardor
Foi quase teu?

Trieste, 1914

ON THE BEACH AT FONTANA

Wind whines and whines the shingle,
The crazy pierstakes groan;
A senile sea numbers each single
Slimesilvered stone.

From whining wind and colder
Grey sea I wrap him warm
And touch his trembling fineboned shoulder
And boyish arm.

Around us fear, descending
Darkness of fear above
And in my heart how deep unending
Ache of love!

Trieste, 1914

NA PRAIA EM FONTANA

O vento uivando, uivando as pedras,
Torto geme o molhe;
Prata o limo sobre seixos medra,
Que um mar senil escolhe.

Do vento e do mais frio do mar
Aninho o menino
Envolto sinto tiritar
Seu ombro fino.

O medo em torno a nós se adensa,
Negro pavor;
E no meu peito a funda, imensa
Dor do amor!

Trieste, 1914

SIMPLES

O bella bionda,
Sei come l'onda!

Of cool sweet dew and radiance mild
The moon a web of silence weaves
In the still garden where a child
Gathers the simple salad leaves.

A moondew stars her hanging hair
And moonlight kisses her young brow
And, gathering, she sings an air:
Fair as the wave is, fair, art thou!

Be mine, I pray, a waxen ear
To shield me from her childish croon
And mine a shielded heart for her
Who gathers simples of the moon.

Trieste, *1915*

SIMPLES

O bella bionda,
Sei come l'onda!

De orvalho fresco e de aura fina
Silente a lua teias plissa
Na horta quieta onde a menina
Colhe tão simples hortaliça.

Serena a lua que atavia,
É lua a luz que a pele sonda;
Colhendo, canta a melodia:
Tão linda, és linda como a onda!

Que se me tapem as orelhas,
Escudos contra o seu cantar;
Meu peito escudo seja a ela,
Que colhe os simples do luar.

Trieste, 1915

FLOOD

Goldbrown upon the sated flood
The rockvine clusters lift and sway;
Vast wings above the lambent waters brood
Of sullen day.

A waste of waters ruthlessly
Sways and uplifts its weedy mane
Where brooding day stares down upon the sea
In dull disdain.

Uplift and sway, O golden vine,
Your clustered fruits to love's full flood,
Lambent and vast and ruthless as is thine
Incertitude!

Trieste, *1915*

ENCHENTE

Ouropardo sobre a farta enchente
Vinha em ramos vinha, subia
Vasta sobre as águas, asa pendente
Do triste dia.

Excesso d'água, sem pesar
Subindo e vindo a crina viva
Onde, pendente, a luz encara o mar
Fria e passiva.

Ó áurea vinha, vem, flutua,
Teu fruto oferta ao mar do coração
Tão vasto e sem pesar como na tua
Hesitação!

Trieste, 1915

NIGHTPIECE

Gaunt in gloom,
The pale stars their torches,
Enshrouded, wave.
Ghostfires from heaven's far verges faint illume,
Arches on soaring arches,
Night's sindark nave.

Seraphim,
The lost hosts awaken
To service till
In moonless gloom each lapses muted, dim,
Raised when she has and shaken
Her thurible.

And long and loud,
To night's nave upsoaring,
A starknell tolls
As the bleak incense surges, cloud on cloud,
Voidward from the adoring
Waste of souls.

Trieste, 1915

NOTURNO

Tétricos no breu,
Fachos dos astros fracos:
Amortalhado lume.
Fogos vêm fátuos dos longes lindes do céu,
Em arcos outros arcos,
Nave-pecado-negrume.

Serafim,
Desperta o soldado perdido
Para o serviço temporário
Até que em breu seu brio tem mudo fim
Quando por ela erguido
O incensário.

E alto e denso,
Pela noturna nave em frente,
Um sino soa em trauma
Por entre nuvens, renuvens de incenso,
Que lança ao nada o reverente
Deserto de almas.

Trieste, 1915

ALONE

The moon's greygolden meshes make
All night a veil,
The shorelamps in the sleeping lake
Laburnum tendrils trail.

The sly reeds whisper to the night
A name — her name —
And all my soul is a delight,
A swoon of shame.

Zurich, 1916

SÓ

Grisáurea a lua enreda e faz
Da noite um véu,
Nas lâmpadas do lago em paz
Gavinhas vão ao léu.

Sussurram juncos para o escuro
Um nome — o dela —
Minh'alma é só deleite impuro,
Vergonha bela.

Zurique, 1916

A MEMORY OF THE PLAYERS
IN A MIRROR AT MIDNIGHT

They mouth love's language. Gnash
The thirteen teeth
Your lean jaws grin with. Lash
Your itch and quailing, nude greed of the flesh.
Love's breath in you is stale, worded or sung,
As sour as cat's breath,
Harsh of tongue.

This grey that stares
Lies not, stark skin and bone.
Leave greasy lips their kissing. None
Will choose her what you see to mouth upon.
Dire hunger holds his hour.
Pluck forth your heart, saltblood, a fruit of tears.
Pluck and devour!

Zurich, *1917*

LEMBRANÇA DOS ATORES
NUM ESPELHO À MEIA-NOITE

Discursos de amor eles fingem. Rangem
Teus treze caninos,
Riso nessa boca magra. Tangem
Prurido e temor, desejo nu confrangem.
Em tua fala ou canto o amor é míngua,
Acre bafo felino,
Áspera língua.

Tal cinza entanto,
Pele e ossos, não mente,
Seu beijo mancha os lábios. Ninguém
Tem nela meta, ditos nulos te convêm.
A fome faz a hora.
Extrai teu coração, sal-sangue e pranto,
Extrai, devora!

Zurique, 1917

BAHNHOFSTRASSE

The eyes that mock me sign the way
Whereto I pass at eve of day,

Grey way whose violet signals are
The trysting and the twining star.

Ah star of evil! star of pain!
Highhearted youth comes not again

Nor old heart's wisdom yet to know
The signs that mock me as I go.

Zurich, 1918

BAHNHOFSTRASSE

Maus olhos mostram-me essa via
Aonde eu vou ao fim do dia,

Gris via, de marcas composta:
A estrela dupla e a sobreposta.

Astro do mal! Astro dos ais!
A aurora já não volta mais

Nem velhos sisos por chegar
Más marcas mostram-me ao passar.

Zurique, 1918

A PRAYER

Again!
Come, give, yield all your strength to me!
From far a low word breathes on the breaking brain
Its cruel calm, submission's misery,
Gentling her awe as to a soul predestined.
Cease, silent love! My doom!

Blind me with your dark nearness, O have mercy,
                         [beloved enemy of my will!
I dare not withstand the cold touch that I dread.
Draw from me still
My slow life! Bend deeper on me, threatening head,
Proud by my downfall, remembering, pitying
Him who is, him who was!

Again!
Together, folded by the night, they lay on earth. I hear
From far her low word breathe on my breaking brain.
Come! I yield. Bend deeper upon me! I am here.
Subduer, do not leave me! Only joy, only anguish,
Take me, save me, soothe me, O spare me!

Paris, 1924

UMA ORAÇÃO

Novamente!
Vem, cede à minha força a tua ação!
De longe sopra uma palavra nos cacos da mente
Sua crua calma, a dor da submissão,
Delicando-a como alma destinada.
Cessa, amor silente! Meu fim!

Cega-me, negra proximidade, ah, tem pena, amada rival
[da vontade!
Não ouso não temer teu toque frio em mim.
Suga essa morosidade
De vida! Curva, dura, a cabeça sobre mim
Orgulhosa de minha queda, lembra, lamenta
Quem sou, e quem fui!

Novamente!
Juntos, envoltos na noite, eles jazem. Ouvi
De longe a voz soprar nos cacos desta mente.
Vem! Cedi. Curva-te mais sobre mim! Estou aqui.
Dominadora, não te vás! Só gozo, só angústia,
Leva-me, salva-me, acalma-me. Poupa!

Paris, 1924

Ecce puer

[1932]

ECCE PUER

Of the dark past
A child is born;
With joy and grief
My heart is torn.

Calm in his cradle
The living lies.
May love and mercy
Unclose his eyes!

Young life is breathed
On the glass;
The world that was not
Comes to pass.

A child is sleeping:
An old man gone.
O, father forsaken,
Forgive your son!

(February 1932)

ECCE PUER

De negros tempos
Nasce um eleito;
Prazer e dor
Cindem meu peito.

Calmo no berço
Está quem vive.
Que o amor seus olhos
Reavive!

Sopra no espelho
A vida nova;
E um outro mundo
Se comprova.

Dorme um bebê:
O avô morreu.
Ó pai, perdoa
O filho teu!

(Fevereiro, 1932)

Notas desta edição

Foram inúmeras as fontes consultadas para elaborar as notas desta tradução. As fontes principais se encontram na seção "Sugestões de leitura".

EXÍLIOS

A ambiguidade dos títulos que Joyce deu às suas obras representa um desafio ao tradutor. Quando Carlo Linati — o mesmo cujo nome batizou o "Esquema Linati", que Joyce elaborou sobre *Ulysses* — traduziu *Exiles* para o italiano, Joyce lhe disse que preferia *Esuli* a *Esiliati*, pois, embora as duas palavras significassem "exilados", apenas a primeira se referia aos exilados voluntários, caso dos personagens da peça.

Tudo estaria resolvido se *exiles*, do inglês, não significasse tanto "exílios" quanto "exilados" e Joyce não estivesse com receio de que a proximidade do título *Esiliati* com *Les Exilés*, peça francesa que estreara na Itália havia pouco tempo, pudesse prejudicar a bilheteria de sua peça.

A ambiguidade da palavra *exiles* do título original, somada à discussão sobre a natureza do exílio presente na peça, faz com que o título desta obra não fuja à regra: títulos em Joyce são quase sempre ambíguos. Basta ver as notas para *Récita privada* e *Trocados porversos* nesta edição.

Como escreveu Richard Ellmann em um ensaio sobre a peça (cf. Sugestões de leitura), Joyce "reconhecia a densidade" da palavra *exiles*. O próprio escritor, já em 1905, escrevia a seu irmão Stanislaus: "Passei a aceitar minha presente situação de exilado [*exile*] voluntário".

Não obstante a preferência de Joyce por "exilados" em detrimento de "exílios" (ele não sugeriu *Esili* [exílios] para a tradução italiana do título, mas escolheu entre *Esuli* e *Esiliati*), esta tradução brasileira, aproveitando as possibilidades oferecidas pelo título original, abandou *Exilados*, tradução corrente em língua portuguesa, e optou por *Exílios*. A escolha de Galindo revela sua interpretação da peça e lança outro olhar sobre a história. Eis uma das tarefas do tradutor: desbravar novos caminhos interpretativos. E Galindo faz isso ao iluminar mais o estado das pessoas do que elas próprias, mais a atmosfera criada no palco do que os personagens que nele vivem. Segundo o tradutor, essa mudança de foco opera uma abertura: uma pluralidade de exílios se torna mais importante do que certo número de exilados.

Que *Exílios* deve muito a Henrik Ibsen, é inegável. Os interessados em perceber as semelhanças podem começar pela última peça do dramaturgo norueguês, *Quando despertamos de entre os mortos* (1899; trad. de Vidal de Oliveira. Rio de Janeiro: Globo, 1985), sobre a qual Joyce escreveu um ensaio em 1900 (cf. Cronologia). E a proximidade com o naturalismo de Ibsen sem dúvida foi uma das causas do pouco sucesso que *Exílios* teve com o público e a crítica: os palcos europeus já estavam em uma onda vanguardista; a peça de Joyce chegava com atraso de mais de uma década.

Mas a peça se reabilitou do fiasco (palavra do próprio Joyce) inicial da produção de Munique, em 1919, quando Harold Pinter a montou em 1970. Além disso, a crítica feita por Hugh Kenner (cf. Sugestões de leitura), para quem a peça se recusa a se assumir como farsa, pode revelar ape-

NOTAS DESTA EDIÇÃO   337

nas a dificuldade do crítico em lidar com um texto que não
cabe em uma definição, como de resto é o caso de muitos
textos de Joyce. Estamos, então, diante de uma peça que
não serve para o palco, que chegou com atraso ou que sim-
plesmente não foi compreendida em seu tempo?

RÉCITA PRIVADA

Récita privada foi publicado em 1907. Os poemas desse
livro são posteriores aos que Joyce escreveu na juventu-
de e que coligiu sob os títulos *Moods* [Estados d'alma] e
Shine and Dark [Luz e escuridão] (cf. Cronologia), publi-
cados postumamente e em estado fragmentário. No caso
de Joyce, pode-se estabelecer como limite temporal para
a classificação dos poemas "da juventude" o ano de 1900.
A produção em verso sobrevivente dos anos 1901 a 1903,
também publicada após sua morte, pode ser classificada
como "do ciclo de *Récita privada*" (cf. obras de Joyce or-
ganizadas por Aubert e por Ellmann et al. em Sugestões de
leitura). Os 36 poemas incluídos em *Récita privada* foram
escritos entre 1901 e 1904.

Stanislaus Joyce, irmão do escritor, chegou a afirmar
que a responsabilidade pela ordem em que os poemas
aparecem em *Récita privada* era dele e não de Joyce. E
não é uma afirmação sem fundamento: no fim de 1906,
Joyce comunicou ao irmão, por carta, que tinha pouco
interesse na publicação dos versos e pediu que ele propu-
sesse um arranjo para os poemas. É bem provável, porém,
que essa história contenha dois exageros: nem Stanislaus
terá sido o único responsável pelo arranjo dos poemas no
livro, nem Joyce terá perdido tanto o interesse em sua pu-
blicação. O fato é que, entre o fim da composição dos
poemas e sua publicação em livro, Joyce esteve envolvido
com *Dublinenses* e trabalhou em *Stephen herói*. Disso
pode-se concluir que a escrita de poesia já não ocupava

338   EXÍLIOS E POEMAS

seu tempo. A. W. Litz (cf. *Poems and Shorter Writings*) sugere que Joyce tenha buscado escapar da sentimentalidade empregada na sua poesia por meio da objetividade e da ironia que empregou na escrita ficcional.

O título em inglês esconde uma história curiosa. Já na primeira edição de seu *Diário de Dublin* (1962), Stanislaus conta que sugeriu o título depois de saber de um episódio ocorrido em 1904 entre Joyce e uma prostituta admiradora da voz de tenor de seu irmão. Ela teria brincado com a possibilidade de usar o penico como acompanhamento para a voz do escritor. A semelhança entre *chamberpot* (penico) e *chamber music* (música de câmara) era um sinal, pensou Stanislaus. Herbert Gorman contou uma versão diferente sobre a origem do título. De acordo com sua biografia do escritor, publicada em 1941, tendo tomado vários copos de cerveja enquanto ouvia Joyce recitar seus poemas, certa viúva que um companheiro de Joyce costumava frequentar precisou retirar-se para trás de um biombo a fim de se aliviar. A música, por assim dizer, produzida pela senhora teria sugerido a Joyce o título do livro. Stanislaus chamou de falsa a versão de Gorman.

Apesar da possível origem anedótica do título, os poemas de *Récita privada* são muito musicais. Arthur Symons, entusiasta da literatura simbolista e peça importante na publicação do livro de Joyce, ressaltou a musicalidade dos poemas, além de outras qualidades, em resenha publicada já em 1907. O título, sem dúvida, é apreendido primeiro por sua intenção musical mais nobre do que pela sorrateira alusão urinária. O achado tradutório de Galindo habilmente combina no título em português o caráter privado do ambiente das mais seletas audiências com a privada das salas de banho. Como sempre, a literatura de Joyce nos exige ser todo ouvidos.

I   Nota-se o eco da poesia de Paul Verlaine em Joyce. Em inglês, o primeiro verso é "*Strings*

NOTAS DESTA EDIÇÃO   339

in the earth and air", em que aparece a palavra *strings* (cordas), usada por Joyce em sua tradução do poema de Verlaine, "Canção de outono" ("Chanson d'automne"): *"A voice that sings/ Like viol strings"*. No Brasil, este poema de Verlaine já foi traduzido por Manuel Bandeira, Paulo Mendes Campos, entre outros. O instrumento ("E a mão que assim segura/ Um instrumento") pode ser de outra natureza que não a musical; como aponta William York Tindall, estudioso de Joyce, em sua edição de *Chamber Music* (Columbia University Press, 1954), aí está sugerida a masturbação.

II   Segundo Stanislaus, Joyce inicialmente chamou este poema de "Commonplace" [Lugar comum]. Tindall aponta o eco de *"Le piano que baise une main frêle"* ("O piano que uma mão frágil beija"), de Verlaine.

III   Os ventos calmos que sopram acompanhados pelo arfar das harpas darão lugar aos ventos felizes (IX) e, por fim, aos ventos ferozes (XXIX) do fim do amor. O tradutor acompanha o uso reiterado que Joyce faz de "harpas" (*harps*) e "Amor" (*Love*).

IV   O verso "Não caias mais em devaneio" responde aos seguintes versos do poema II: "Curvada sobre as teclas sujas,/ Cabeça assim de lado".

V   Críticos que tiveram acesso a um dos manuscritos desse poema registram que alguém que não Joyce inseriu nele dois versos do poema de Lord Tennyson (1809-92) *The Lady of Shalott* (*A dama de Shalott*, 1833, 1842): *"She left the web, she left the loom/ She made three paces thro' the room"* ["Largou a trama, largou o tear/ E pôs-se a três passos andar"]. Vale lembrar que em *Um retrato...* Stephen De-

340   EXÍLIOS E POEMAS

dalus emitiu a seguinte opinião sobre o poeta: "Tennyson? Poeta? Ora, ele é um mero poetastro!" (*Um retrato do artista quando jovem*. Trad. de Caetano W. Galindo. São Paulo: Penguin-Companhia das Letras, 2016, p. 105).

VI   O "doce seio" da amada é visto como proteção contra possíveis "ventos rudes". Publicado originalmente na revista *The Speaker*, de Londres, em 8 de outubro de 1904, com o título de "A Wish" [Um desejo].

VII   A crítica costuma reconhecer nesse poema uma relação com o Cântico dos Cânticos (2,3; 8,5) em virtude da menção à macieira. Haroldo de Campos fez uma belíssima tradução desse texto bíblico (*Éden: um tríptico bíblico*. Perspectiva, 2004). Publicado originalmente na revista *Dana*, de Dublin, em agosto de 1904, com o título de "Song" [Canção].

VIII   A primavera ("estações florais") faz desabrochar o amor, que avança cada vez mais em direção ao calor do verão no poema IX ("Ventos de maio"), dá adeus ao "tempo do sonho" no poema X e aos dias de menina no poema XI.

IX   Em 1909, Joyce presenteou Nora com um colar cuja inscrição dizia *"Love is unhappy when love is away!"* ("O amor entristece se o amor fica ausente!").

X   O duplo sentido *"I come"* ("eu venho/ chego" ou "eu gozo"), que fecha o verso inglês, ecoa na tradução como "Da vida, gozar".

XI   Joyce apreciava especialmente este poema, para o qual compôs uma melodia. O compositor Edmund Pendleton (1899-1987) foi o responsável pela harmonização, a pedido de Joyce.

XII   Segundo Stanislaus, este poema foi escrito por Joyce em um pedaço de uma caixa de cigarros,

NOTAS DESTA EDIÇÃO 341

debaixo de uma lâmpada de rua, depois de um passeio com Mary Sheehy, por quem Joyce se sentia atraído. Ela viria a se casar com Thomas Kettle, amigo de Joyce. Publicado originalmente em *The Venture, an Annual of Art and Literature* em novembro de 1904.

XIII   Este poema ecoa o Cântico dos Cânticos (4,16), especialmente por causa do apelo ao vento e da presença do jardim.

XIV   Neste poema, ouvimos outra vez o eco do Cântico dos Cânticos (1,15; 2,14), sobretudo pela presença da pomba.

XV   Segundo Stanislaus, o caráter matutino deste poema contrasta com o caráter noturno da epifania n. 34 de Joyce, que abre assim: "Ela vem à noite quando a cidade está parada" (*Epifanias*. Trad. de Tomaz Tadeu. Belo Horizonte; São Paulo: Autêntica, 2018, p. 85).

XVI   O apelo para que a pessoa amada vá para o vale com o amante será retomado no poema XX, em que o refúgio do amor será um pinheiral.

XVII   O amigo que se tornou estranho pode ser Oliver St. John Gogarty, com quem em setembro de 1904 Joyce morou por alguns dias na torre Martello, bastante conhecida dos leitores de *Ulysses*. Gogarty foi o modelo do personagem Buck Mulligan do romance.

XVIII   A figura do amigo perdido reitera a do estranho do poema XVII. Publicado originalmente na revista *The Speaker* em 30 de julho de 1904.

XIX   No mesmo tom dos dois poemas anteriores, que denunciam amigos que se comportaram mal, este traz um alerta à pessoa amada sobre homens que podem promover sua desonra: "Vão desonrar você?".

XX   O poema é um convite ao abrigo em lugar calmo e seguro, longe das ameaças que aparecem nos três poemas anteriores.

XXI   Este poema, provavelmente o último a ter sido escrito, data de setembro de 1904, pouco antes de Joyce deixar a Irlanda com Nora. Um dos manuscritos trazia a dedicatória "Para Nora".

XXII-XXIII A alma, que no poema XXI não tem outra "da mesma natureza" à qual se juntar, finalmente "toca, enlaça" a sua companheira quando os amantes têm seus "braços [...] entrançados" (XXII) e os corpos "vibra[m] junto[s]" (XXIII).

XXIV   Este poema nos leva à poesia da juventude de Joyce. Aqui encontramos uma mulher que, ao se pentear, sem querer liberta "feitiços" (*witchery* em inglês). Nos versos da juventude, deparamos com a imagem da feiticeira (*"woman of sorcery"* e *"Lady witchin'"*). Publicado originalmente na revista *The Saturday Review* em 14 de maio de 1904.

XXV   A palavra "leve" no primeiro verso anuncia a leveza do próprio poema, inspirado, segundo Stanislaus, em Mary Sheehy (cf. nota ao poema XII). Joyce adotou um ritmo alegre, muito diferente do utilizado nos poemas até aqui.

XXVI   Em uma das cartas enviadas a Nora em agosto de 1909, estando ele em Dublin e ela em Trieste, Joyce revela ter escrito este poema, assim como o XXVIII, pensando em outra mulher, mas que a beleza de Nora é superior à de seus versos. Vale lembrar que Joyce conheceu Nora apenas em junho de 1904, quando a maior parte dos poemas de *Récita privada* já estava escrita. Este poema foi publicado juntamente com o de número XII em *The Venture*.

Samuel Purchas (*c.* 1575-1626) foi o historiador e autor de relatos de viagem em cuja obra o

NOTAS DESTA EDIÇÃO

poeta romântico inglês Samuel Taylor Coleridge (1772-1834) teria se inspirado para escrever *Kubla Khan* (1816). Joyce parodiou um poema de Coleridge em seus versos de ocasião.

Raphael Holinshed (?-*c.* 1580), tradutor e cronista, foi autor das *Chronicles*, de que Shakespeare se utilizou para escrever várias de suas peças.

XXVII Neste poema, o amante, menos ingênuo, dá sinais de que não pode escapar à "danação", preço a pagar "por desfrutar [do] coração" da pessoa amada. Ele sente "maldade" na "ternura" e perde a crença na sua "velha voz", que aqui representa a própria poesia.

Mitrídates VI (132-63 a.C.) foi o rei do Ponto, na Anatólia, que ingeria doses baixas de veneno a fim de aos poucos se proteger de uma tentativa de envenenamento.

XXVIII Neste poema, o amante pede que a pessoa amada cante não o fim do amor, mas o valor do amor que se pode ter em vida e ao qual a morte põe fim. Cf. nota ao poema XXVI.

XXIX Neste poema, os alegres ventos do poema IX, agora ferozes, se tornam uma ameaça ao amor.

XXX "Amamos fundo. E teve fim", diz este poema, corroborando o poema XXVIII.

XXXI O eu lírico se lembra de quando o "vento de verão" era ameno, diferente do vento feroz que começou a soprar no poema XXIX.

Donnycarney é um bairro de Dublin.

XXXII Ao mencionar a "via da rememoração", este poema complementa o poema XXX, em que "as vias" a serem trilhadas ainda eram desconhecidas.

XXXIII Dando sequência ao ciclo das estações, Joyce nos leva ao outono, que marca o fim do amor.

344 EXÍLIOS E POEMAS

XXXIV Depois de uma breve passagem pelo outono, atingimos o inverno, ou o fim do diminuendo da sequência de poemas, como Joyce explicou em carta de 23 de fevereiro de 1921 ao músico irlandês Geoffrey Molyneux Palmer (1882-1957), que musicou 32 poemas de *Récita privada*.

O último quarteto deste poema foi usado como despedida em uma carta que Joyce enviou a Nora em 19 de agosto de 1909.

XXXV Na mencionada carta a Palmer, Joyce classifica este poema e o seguinte como representantes do "despertar da mente". A comunicação do vento com a água é "enfadonha", e a mente que desperta pode pensar enquanto o coração dorme. No original, "enfadonho" é *monotone*, que tem a mesma forma da palavra francesa que Verlaine usou no fim da primeira estrofe de "Canção de outono" (cf. nota ao poema I).

XXXVI O despertar da mente se completa com este poema, que é diferente dos demais na forma e no teor. Os elementos da natureza se associam aos da guerra ("trovão dos cavalos", "espuma nos jarretes"), e o vocabulário se renova com termos estranhos à dicção dos poemas anteriores ("exército", "couraças de guerra", "bigas", "bigorna"). O amor não é esperança nem resignação, mas desespero: "Amor, amor, amor, por que me deixaste só?". Segundo Stanislaus, este poema adveio de um sonho que Joyce teve e o perturbou.

Ezra Pound publicou este poema na antologia *Des Imagistes* (1914).

NOTAS DESTA EDIÇÃO   345

TROCADOS PORVERSOS

De forte teor autobiográfico, o segundo e último livro de poemas de Joyce, *Trocados porversos* (*Pomes Penyeach*) tem treze poemas localizados, datados e dispostos em ordem cronológica. Nele, seguimos o percurso Dublin-Trieste--Zurique-Paris, de 1904 a 1924. O roteiro é bem semelhante ao que Joyce assinala no fim de *Ulysses* (Trieste-Zurique--Paris), e os anos de composição dos poemas também são bastante próximos aos de *Ulysses* (1914-21), já que, com exceção do primeiro poema, escrito em Dublin em 1904, os demais foram escritos em Trieste, Zurique ou Paris entre 1912 e 1924.

No intervalo de doze anos entre 1912 e 1924, Joyce publicou *Dublinenses* (1914), terminou de escrever *Um retrato do artista quando jovem* (1916), escreveu *Exílios* (1918) e *Ulysses* (1922) e começou *Finnegans Wake* (1939). Nenhum poema escrito depois de 1924 entrou em *Trocados porversos*, de 1927. Pelo que chegou até os nossos dias, menos de dez poemas foram escritos nessa janela de três anos, todos versos de ocasião. *Trocados porversos*, portanto, está fora do período da produção poética efervescente de Joyce, que vai da segunda metade de 1890 até 1904, quando ele conclui os poemas de *Récita privada*.

A livraria Shakespeare and Company, que já se convertera em editora uma vez para publicar *Ulysses*, agora fazia o mesmo por *Trocados porversos*, que veio a lume em um livrinho de 24 páginas. Mas por que Joyce teria se dado ao trabalho de reunir poemas esparsos e buscar quem os publicasse em pleno processo de escrita de *Finnegans Wake*? A explicação pode ser simples. As passagens de *Finnegans Wake* que vinham sendo publicadas em revistas literárias desde 1924, ainda com o título de *Work in Progress* [Obra em curso] (cf. Cronologia), vinham recebendo algumas críticas severas. Por isso, segundo Ellmann, Joyce pode ter vislumbrado em *Trocados porversos* um modo de acalmar

346 EXÍLIOS E POEMAS

a crítica, provando que era capaz de escrever de forma clara. O resultado foi inócuo, pois o livro, pouco impressionante vindo do autor de *Ulysses*, não foi capaz de mudar a opinião dos críticos.

Assim como *Chamber Music*, o título *Pomes Penyeach* merece comentários. Joyce altera a previsível palavra *poems* (poemas) a fim de forjar *pomes* (frutas, como maçãs) e com isso criar uma ambiguidade. Afinal, trata-se de um livro de poesia ou de um folheto de mercearia? E o preço, já baixo — *one penny each* (um pêni cada) —, é rebaixado ainda mais pelo autor, que come uma letra (n) e economiza espaço juntando as duas palavras em "*penyeach*". O título corresponde ao conteúdo do livro, cujo preço sugerido era um xelim, ou seja, o equivalente a doze *pence*, fazendo com que cada poema custasse um pêni. Mas, espere, o livro não tem treze poemas? Sim. E o primeiro se chama "Tilly", que significa lambuja, choro, inhapa etc., algo que o vendedor dá "de quebra", de agrado, ao freguês. O primeiro poema do livro, portanto, não custa sequer um trocado.

"Quebra"   Este poema primeiro se chamou "Cabra", bairro de Dublin onde Joyce morava quando o poema foi escrito. A palavra portuguesa "quebra" tem semelhança sonora com o primeiro título. Joyce renomeou o poema como "Ruminants" [Ruminantes] mais de dez anos depois e escolheu o título definitivo, "Tilly", provavelmente bem perto da publicação de *Trocados porversos*. O "ramo arrancado" do último verso pode ser a imagem da mãe de Joyce, que acabara de morrer. A expressão também sugere o exílio e o abalo na amizade, tema presente em

NOTAS DESTA EDIÇÃO

Récita privada (cf. nota aos poemas XVII-XIX), livro em que Joyce cogitou incluir "Quebra".

"Olhando os botes em San Sabba"

Quando morava em Trieste, Joyce acompanhou uma regata em San Sabba na qual seu irmão Stanislaus competia. Ao chegarem à areia, os competidores cantavam uma ária da ópera *La fanciulla del West* [A garota do oeste], de Giacomo Puccini, que diz "*Aspetterà ch'io torni... Ed io non tornerò ed io non tornerò*", na qual reconhecemos a inspiração para os versos "Jamais, não tornes mais!" e "Tornar, jamais tornar". Publicado originalmente na revista *The Saturday Review*, de Londres, em 20 de setembro de 1913.

"Uma flor dada a minha filha"

Este poema tem relação direta com *Giacomo Joyce*, obra escrita em Trieste e para a qual o professor Joyce teve como musa uma de suas alunas de inglês. Não se sabe quem foi a aluna, mas a biografia de Joyce levanta três possibilidades — Amalia Popper, Emma Cuzzi e Anna Maria (Annie) Schleimer —, com franca vantagem para a primeira. Uma delas teria presenteado Lucia com uma flor, momento transposto para *Giacomo Joyce* da forma a seguir: "*A flower given by her to my daughter. Frail gift, frail giver, frail blue-veined child*". Na tradução de Galindo, lemos "Uma flor por ela dada a minha filha. Dádiva frágil, frágil quem dá, frágil menina de veias azuis" (*Finn's*

348 EXÍLIOS E POEMAS

Hotel. São Paulo: Penguin-Companhia das Letras, 2013). Notamos que o título original deste poema ("A Flower Given to My Daughter") e o início do fragmento de *Giacomo Joyce* são praticamente coincidentes. Podemos notar, também, a repetição de "frágil". Publicado originalmente na revista *Poetry*, de Chicago, em maio de 1917.

"Ela chora por Rahoon" Este poema toca fortemente em "Os mortos". No referido conto, Michael Furey é o personagem que, apaixonado por Greta Conroy na juventude, morre depois de, doente, enfrentar a chuva para vê-la. Os personagens Michael Furey e Greta Conroy foram inspirados em Michael Bodkin e Nora Barnacle, que se conheceram em Galway, cidade natal de Nora, antes de ela partir para Dublin, onde conheceria Joyce. Rahoon é o local em que Michael Bodkin foi enterrado (cf. nota 43 em *Exílios*). Outra ponte entre este poema e "Os mortos" está no emprego de "cai leve, leve cai", referente ao cair da chuva, lembrando a neve que, no conto, "suave caía [...] caía suave" sobre o túmulo de Michael Furey (*Dublinenses*. Trad. de Caetano W. Galindo. São Paulo: Penguin-Companhia das Letras, 2018). Publicado originalmente na revista *Poetry* em novembro de 1917.

"Tutto è sciolto" O título deste poema, retirado da ópera *La sonnambula* [A sonâmbula, 1831], de Vincenzo Bellini (1801-35), se tra-

NOTAS DESTA EDIÇÃO   349

duz por "tudo acabado". Na ópera, Amina, noiva de Elvino, entra no quarto de Rodolfo em estado de sonambulismo. Sem saber da inocência da noiva, Elvino diz: "*Tutto è sciolto. Oh, dì funesto!/ Più per me non v'ha conforto/ Il mio cor per sempre è morto/ Alla gioia ed all'amor*" [Tudo acabado. Oh, dia funesto!/ A mim não resta mais conforto/ Meu coração p'ra sempre morto/ Para a alegria e para o amor]. A referência ao ocorrido entre Elvino e Amina permite que façamos a correlação com o episódio da vida de Joyce em que ele injustamente acusou Nora de infidelidade (cf. ano 1909 na Cronologia). Publicado originalmente na revista *Poetry* em maio de 1917.

"Na praia em Fontana"

O título deste poema pode nos fazer pensar na Fontana dei Quattro Continenti, que se encontra na Piazza Unità d'Italia, em Trieste. Mas, a referência é outra. Como o próprio Joyce anotou em um de seus cadernos, depois de seu filho Giorgio ter vindo à luz, ele o levou no colo até o Balneário Fontana, nome que se deve a seu proprietário, Carlo Ottavio Fontana. Publicado originalmente na revista *Poetry* em novembro de 1917.

"Simples"

"Simples" é, tanto em português quanto em inglês, palavra arcaica que designa uma erva medicamentosa. Enquanto o poema anterior era dedicado

350 EXÍLIOS E POEMAS

ao filho, Giorgio, este é dedicado à sua filha, Lucia, aquela que "colhe os simples do luar". A epígrafe ("Ó bela loira/ És como a onda") foi adaptada por Joyce de uma canção popular italiana. Publicado originalmente na revista *Poetry* em maio de 1917.

"Enchente"

A crítica tem associado a linguagem deste poema à usada no terceiro episódio de *Ulysses*, "Proteu". Ellmann, na organização de *Poems and Shorter Writings* de Joyce (cf. Sugestões de leitura), associa o poema à paixão de Joyce pela aluna triestina que inspirou *Giacomo Joyce* (cf. nota ao poema "Uma flor dada a minha filha"). Publicado originalmente na revista *Poetry* em maio de 1917.

"Noturno"

Assim como "Uma flor dada a minha filha", este poema tem vínculo com *Giacomo Joyce*. Por exemplo, "Nave--pecado-negrume" é semelhante a "nave negra de pecado", do episódio da entrada na Notre-Dame de Paris em *Giacomo Joyce* (trad. de Caetano W. Galindo). O vocabulário de "Noturno" é claramente ligado ao serviço religioso: "arcos", "nave", "serafim", "incensário", "sino", "incenso". Não se pode estabelecer qual dos textos foi escrito primeiro, mas Aubert (cf. a organização de *Œuvres*, de Joyce, feita por Aubert em Sugestões de leitura) lembra que, ao desistir de publicar *Giacomo Joyce*, o escritor passou a reaproveitar fragmentos

NOTAS DESTA EDIÇÃO

desse texto em outras obras suas. Publicado originalmente na revista *Poetry* em maio de 1917.

"Só" Este poema nasceu das caminhadas noturnas de Joyce ao longo do lago de Zurique. Publicado originalmente na revista *Poetry* em novembro de 1917.

"Lembrança dos atores num espelho à meia-noite" O poema é resultado da atuação de Joyce na companhia amadora de teatro The English Players [Os atores ingleses] (cf. ano de 1918 na Cronologia). Frank Budgen, no relato de suas conversas com Joyce (*James Joyce and the Making of* Ulysses, 1934), revela que o escritor chegou a cantar em off na apresentação que a companhia fez de *In a Balcony* (1853), peça de um ato de Robert Browning, e que a ocasião teria inspirado Joyce a escrever "Lembrança...". Publicado originalmente nas revistas *Poesia*, de Milão, em abril de 1920, e *Dial*, de Nova York, em julho de 1920.

"Bahnhofstrasse" Bahnhofstrasse é o nome da rua onde, em 1917, Joyce sofreu uma crise de glaucoma. É possível que o incidente tenha ocorrido em outra cidade e Joyce tenha apenas escrito o poema em Zurique. As metáforas usadas por Joyce sugerem imagens dobradas ("estrela dupla", "sobreposta") e sensibilidade à luz solar ("astro do mal"). Publicado originalmente na revista *The Anglo-French Review*, de Londres, em agosto de 1919.

"Uma oração"

Neste poema, o eu lírico submete-se aos caprichos de uma mulher, que comanda: "*Vem, cede à minha força*". Nasce a "dor da submissão" quando a "dominadora" o "cega" com sua "negra proximidade". Aubert (cf. a organização de *Œuvres*, de Joyce, feita por Aubert em Sugestões de leitura) aproxima a linguagem deste poema à das "cartas sujas" de Joyce a Nora, em especial a de 13 de dezembro de 1909, em que se lê: "Adoraria ser chicoteado por você, Nora querida".

"Ecce puer"

Embora anuncie a chegada de um menino, "Ecce puer" [Eis o menino] é a um só tempo o poema em que Joyce louva o nascimento do neto e chora a morte do pai. John Stanislaus Joyce morreu em 29 de dezembro de 1931, aos 82 anos, e foi levado ao cemitério Prospect, em Glasnevin, em 1º de janeiro de 1932. No dia em que recebeu a notícia da morte do pai, Joyce chorou longamente. No entanto, e mesmo sem ver o pai desde 1912, não compareceu às obséquias. O escritor ainda não era bem-vindo à Irlanda e precisou se contentar com o envio de uma coroa que dizia: "Com tristeza e amor do Jim". No testamento, John fez de James Joyce seu único herdeiro, mas o que de melhor o escritor pôde ter herdado do pai foi a qualidade de bom contador de histórias, uma herança da qual ele já se servia fazia anos.

NOTAS DESTA EDIÇÃO

Stephen James Joyce, filho de Giorgio e Helen Joyce e único neto do escritor, nasceu em 15 de fevereiro de 1932. Joyce ficou muito feliz e escreveu "Ecce puer" no mesmo dia. Duas cartas escritas para o neto em 1936 viraram livros postumamente: *O gato e o diabo* e *Os gatos de Copenhague*. Nelas, notamos o carinho de Joyce pelo neto. Em 1941, em Zurique, quando voltaram para casa depois de terem encontrado Joyce morto no hospital, Nora e Giorgio foram surpreendidos pelo alerta de bombas e se esconderam com Stephen. No abrigo, o menino, que no mês anterior completara nove anos, logo perguntou pelo *nonno* e recebeu a resposta de que ele estava bem. Stephen Joyce se dizia um Joyce, e não um *Joycean* (joyciano), para marcar a diferença entre ele e os pesquisadores. Polêmico, o administrador do espólio do escritor declarou publicamente ter destruído inúmeras cartas de sua tia Lucia, pois não queria que o público em geral e os pesquisadores jamais pusessem os olhos nelas. Sua atuação retardou a divulgação de partes da obra de Joyce e causou danos irreparáveis aos estudos joycianos. Casou-se com Solange Raytchine em 15 de abril de 1955, aposentou-se pela Organização para a Cooperação e Desenvolvimento Econômico em 1991 e morreu em 23 de janeiro de 2020.

Cronologia

1882   James Augustine Joyce nasce às seis horas da manhã do dia 2 de fevereiro, na residência da família, na Brighton Square, 41, Rathgar, Dublin. É o primeiro filho de John Stanislaus Joyce e Mary (May) Jane Joyce (*née* Murray).

1888   Entra para o internato jesuíta Clongowes Wood College, no condado de Kildare, em 1º de setembro (alguns biógrafos registram 30 de agosto).

1891   Na escola, ao ser crismado, escolhe são Luís Gonzaga como seu patrono, passando a se chamar James Augustine Aloysius Joyce. Escreve "Et tu Healy", seu primeiro poema, do qual ele e seu irmão mais tarde resgatarão alguns versos de memória. Na escola, atua em um papel secundário na peça burlesca *Aladdin, or the Wonderful Scamp* [Aladim, ou o maravilhoso malandro]. No fim do ano, deixa o Clongowes Wood College por dificuldades financeiras da família.

1893   Depois de cerca de um ano fora das salas de aula, frequenta a escola dos Christian Brothers, de pouco prestígio, fato que mais tarde omitirá de seu romance autobiográfio, *Um retrato do atista quando jovem*. Em 6 de abril, ingressa no Belvedere College, instituição de ensino jesuíta de tempo parcial situada em Dublin.

1894-7   Por seu desempenho escolar, ganha um prêmio de vinte libras (cerca de 2500 libras em valores de 2022) em 1894 (no nível preparatório) e outro de igual valor em 1895 (no nível júnior). Os resultados chamam a atenção dos dominicanos, que tentam cooptar Joyce, mas

356 EXÍLIOS E POEMAS

ele prefere continuar sua educação com os jesuítas. Depois de não se submeter aos exames em 1896 por ser jovem demais para avançar ao nível médio, Joyce repete o êxito dos anos anteriores em 1897 (no nível médio), quando recebe um prêmio de trinta libras, e em 1898 (no nível sênior). O prêmio do último ano, porém, será retido.

Na segunda metade da década de 1890, escreve uma série de textos curtos em prosa, que chama de *Silhouettes* [Silhuetas]. Também reúne seus poemas sob o título *Moods* [Estados d'alma], ao qual se segue *Shine and Dark* [Luz e escuridão]. Dos fragmentos em prosa, nada sobreviverá. Dos poemas escritos na juventude, apenas fragmentos chegarão a nós.

1898   Atua pela segunda vez como ator, agora na peça *Vice-versa*, no Belvedere College. Termina os estudos no Belvedere em junho e ingressa na University College Dublin em setembro.

1899   Em 8 de maio, aplaude entusiasmado a estreia da polêmica peça *A condessa Cathleen*, de William Butler Yeats. No dia seguinte, se recusa a assinar uma carta-protesto contra a obra.

1900   Em abril, publica "Ibsen's New Drama" [O novo drama de Ibsen], ensaio sobre a peça *Quando despertamos de entre os mortos*, de Henrik Ibsen. A admiração que nutre pelo dramaturgo é tanta que, no ano seguinte, lhe enviará uma carta de felicitação em norueguês pelo seu 73º aniversário. Durante as férias de verão em Mullingar, escreve sua primeira peça de teatro, *A Brilliant Carrer* [Uma carreira brilhante], que destruirá em 1902. Dela, resta apenas a folha de rosto, quatro versos de uma canção cigana e a dedicatória: "À minha própria Alma eu dedico o primeiro verdadeiro trabalho de minha vida". Por volta de 1900, escreve a peça em versos *Dream Stuff* [Matéria de sonho], da qual sobreviverão apenas sete versos. Entre 1900 e 1904, redige mais de setenta fragmentos em prosa, série que chama de "epifanias". Quarenta deles serão publicados postumamente.

CRONOLOGIA 357

1901 Novamente em Mullingar para as férias de verão, traduz do alemão as peças *Vor Sonnenaufgang* (*Antes do amanhecer*) e *Michael Kramer*, de Gerhart Hauptmann, que considera herdeiro direto de Ibsen, sendo o próprio Joyce o seguinte na linha sucessória. A tradução da primeira peça sobreviverá para ser publicada em 1978 (cf. Sugestões de leitura). Começa a escrever os poemas que darão origem a *Récita privada*.

1902 Em 31 de outubro, recebe da Royal University of Ireland o diploma de bacharel em artes (letras modernas). Deixa Dublin em 1º de dezembro com a intenção de estudar medicina em Paris. Passando por Londres, encontra Yeats, que lhe oferece ajuda e o apresenta ao poeta Arthur Symons. No fim do mês, em viagem de volta a Dublin, reencontra Yeats em Londres e lhe diz ter escolhido o caminho da literatura.

1903 Em janeiro, já se encontra novamente em Paris, mas em abril precisa regressar às pressas a Dublin depois de receber um telegrama do pai avisando que a mãe está à beira da morte. Mary Joyce morre de cirrose hepática em 13 de agosto.

Escreve "Tilly" ("Quebra"), o mais antigo dos poemas que serão reunidos em *Pomes Penyeach* (*Trocados porversos*).

1904 Escreve o ensaio "A Portrait of the Artist" [Um retrato do artista], recusado pela revista *Dana*. Partindo da ideia do ensaio, começa a escrever *Stephen herói*, projeto que transformará no romance *Um retrato do artista quando jovem*. Publica o poema satírico "The Holy Office" [O santo ofício]. Em maio, ganha a medalha de bronze no concurso de tenores do Feis Ceoil, festival de música de Dublin.

Conhece Nora Joseph Barnacle, que trabalha como camareira no Finn's Hotel, com quem tem o primeiro encontro amoroso em 16 de junho, dia em que se passa a maior parte da história de *Ulysses*.

Yeats não aceita montar as traduções das peças de Hauptmann no Irish Literary Theater (antecessor do Abbey Theater).

EXÍLIOS E POEMAS

Sem se casar, Joyce e Nora deixam Dublin em 8 de outubro rumo a Trieste, cidade culturalmente italiana, mas que no momento pertence ao Império Austro-Húngaro.

1905   Depois de alguns meses em Pula, na Croácia, onde trabalha na escola de idiomas Berlitz (as filiais de Pula e Trieste pertencem a Almidano Artifoni, cujo nome aparecerá no *Ulysses*), finalmente se transfere para Trieste, onde em 27 de julho nasce seu filho, Giorgio Joyce.

1906   Intensifica as negociações com Grant Richards para a publicação de *Dublinenses*. Em 1º de agosto, começa a trabalhar na área de correspondência do banco Nast-Kolb e Schumacher, em Roma.

Arthur Symons articula com Elkin Mathews a publicação de *Récita privada*, referindo-se à obra como *A Book of Thirty Songs for Lovers* [Um livro de trinta canções para amantes], título depois descartado por Joyce.

1907   Regressa à escola de idiomas Berlitz de Trieste, cidade onde nasce sua filha, Lucia Anna Joyce, em 26 de julho. Escreve "Os mortos", último conto de *Dublinenses*. Elkin Mathews publica *Récita privada* em 6 de maio.

1908   Começa a negociar com George Roberts e Joseph Hone, da editora Maunsel and Company, de Dublin, a publicação de *Dublinenses*. Tem aulas de canto com Romeo Bartoli.

1909   Chega a Dublin com Giorgio em 29 de julho. Vincent Cosgrave (o Lynch de *Um retrato...*) maldosamente lhe diz que andou com Nora no verão de 1904, o que leva Joyce a ter uma crise de ciúmes e escrever para a mulher acusando-a de infidelidade, numa correspondência que culminará nas famosas "cartas sujas", de natureza francamente erótica. Em 19 de agosto, firma contrato com a Maunsel and Company.

Em 26 de agosto, visita a mãe de Nora em Galway. Chega a Trieste em 13 de setembro e parte novamente para Dublin, dessa vez sozinho, em 18 de

CRONOLOGIA

outubro. Lá, inaugura, em 20 de dezembro, o cinematógrafo Volta, parte de um empreendimento no qual está envolvido.

1910   Volta a Trieste em janeiro. O empreendimento do Volta fracassa e o cinema é vendido.

1911   Escreve "A Curious History" [Uma história curiosa], sobre as dificuldades que encontra para publicar *Dublinenses*, e envia o texto a diversos jornais.

1912   Entre julho e setembro visita a Irlanda (Dublin e Galway) pela última vez.

    John Falconer, dono da tipografia que presta serviços para a Maunsel and Company, temendo ser processado pelo teor dos contos, guilhotina (queima, segundo Joyce) a tiragem de mil exemplares de *Dublinenses*. Joyce contra-ataca escrevendo o poema satírico "Gas from a Burner" [Gás de um bico] no caminho de volta a Trieste.

1913   Em novembro, começa a fazer anotações para a peça *Exílios*. Ezra Pound solicita a Joyce permissão para incluir o último poema de *Récita privada*, que agradara a Yeats, em sua antologia *Des Imagistes* (1914).

1914   Em fevereiro, *Um retrato...* começa a ser publicado de forma seriada na revista literária londrina *The Egoist*, graças aos esforços de Pound. Grant Richards publica *Dublinenses* em Londres em 15 de junho. Escreve *Giacomo Joyce*. Começa a escrever *Ulysses*.

1915   Conclui *Exílios* em março. Em junho, muda-se para Zurique. Em setembro, a *Egoist* conclui a publicação de *Um retrato...*

1916   *Um retrato...* é publicado por B. W. Huebsch, nos Estados Unidos, em 29 dezembro.

1917   Yeats recusa *Exílios* para o Abbey Theater, alegando que é "o tipo de peça que nunca fizemos bem".

1918   Os episódios de *Ulysses* começam a ser publicados nos Estados Unidos pela revista literária *The Little Review*, novamente com o auxílio de Pound. Com Claud Sykes, cria a companhia amadora de teatro The English Players, cujo objetivo é montar peças em inglês em Zurique. Elkin Mathews publica a segunda edição

360 EXÍLIOS E POEMAS

de *Récita privada*. A editora B. W. Huebsch lança a primeira edição norte-americana de *Récita privada*, em Nova York, logo depois de a editora The Cornhill Company ter publicado uma edição não autorizada em Boston. *Exílios* é publicada por Grant Richards em Londres e por Huebsch em Nova York em 25 de maio.

1919 Alguns episódios de *Ulysses* são publicados pela *Egoist*. *Exílios* estreia no Schauspielhaus de Munique em 7 de agosto, provavelmente com a ajuda de Stefan Zweig. Joyce não consegue visto de entrada na Alemanha para assistir à estreia, que é um fracasso.

1920 Muda-se para Paris em julho. A circulação de *Ulysses* é proibida nos Estados Unidos, onde exemplares da *Little Review* com partes do romance são queimados. Carlo Linati traduz *Exílios* para o italiano (*Esuli*).

1921 Termina de escrever *Ulysses*.

1922 A livraria Shakespeare and Company, de Sylvia Beach, publica *Ulysses* em 2 de fevereiro. Em outubro, Joyce começa a fazer anotações para *Finnegans Wake*.

1923 Em março, começa a escrever *Finnegans Wake*, que, antes de sair em livro, em 1939, será conhecido como *Work in Progress* [Obra em curso]. (Em 1938, Eugene Jolas surpreenderá Joyce ao adivinhar o título da obra.) Sai a terceira edição de *Récita privada* pela Egoist Press.

1924 Trechos de *Work in Progress* são publicados na *Transatlantic Review*. Até 1938, quase todo o livro terá sido publicado em revistas literárias, principalmente na parisiense *transition*, ou em pequenos livros.

1925 Primeira montagem de *Exílios* em inglês no teatro Neighborhood Playhouse de Nova York em 19 de fevereiro. A crítica se divide.

1926 Montagem de *Exílios* no Regent Theatre de Londres em 14 e 15 de fevereiro. A crítica não gosta.

1927 Em 5 de julho, a Shakespeare and Company publica *Trocados porversos*.

1928 Conhece o dublinense Samuel Beckett, que acaba de chegar a Paris. Os dois se tornam grandes amigos.

1929 Adrienne Monnier, proprietária da livraria Maison

CRONOLOGIA   361

des Amis des Livres, publica a primeira tradução francesa de *Ulysses*, feita por Auguste Morel, com assistência de Stuart Gilbert e revisão de Valery Larbaud e do próprio Joyce.

1930   *Exílios* é encenada em alemão (*Verbannte*) no Deutsches Volkstheater de Berlim em 9 de março. No mês seguinte, estreia em italiano no Teatro Convegno de Milão.

1931   Na Inglaterra, em 4 de julho, data do aniversário de seu pai, casa-se com Nora.

O pai do autor, John Stanislaus Joyce, morre em Dublin em 29 de dezembro, mas Joyce não pode ir ao funeral.

1932   Nasce Stephen James Joyce, filho de Giorgio. O intervalo de menos de dois meses entre a morte do pai e o nascimento do neto motiva o último e um dos mais bonitos poemas de Joyce, "Ecce puer", publicado pela primeira vez na revista *The New Republic*, de Nova York, em 30 de novembro.

1933   Fim da proibição de *Ulysses* nos Estados Unidos.

1934   Em 25 de janeiro, a Random House publica a primeira edição autorizada de *Ulysses* nos Estados Unidos.

1935   Em 14 de janeiro, ouve a suíte *Lebendig begraben* [Enterrado vivo], de Othmar Schoeck, composta sobre o poema homônimo de Gottfried Keller. Encantado, no dia seguinte Joyce visita o compositor. Mais tarde, traduzirá parte do poema de Keller para o inglês.

1936   A Black Sun Press, de Nova York, publica uma edição limitada da poesia completa de Joyce, *Collected Poems*, com a íntegra de *Récita privada* e *Trocados porversos* e o poema "Ecce puer".

1937   A Viking Press, de Nova York, publica *Collected Poems*.

1938   Em 14 de janeiro, recebe de Hauptmann um exemplar de *Michael Kramer* autografado.

1939   Em 4 de maio, a londrina Faber and Faber e a Viking Press lançam *Finnegans Wake* simultaneamente.

1940   Em razão da guerra, leva a família da França para a Suíça em 14 de dezembro, chegando a Zurique no

362 EXÍLIOS E POEMAS

dia 17. Não consegue levar Lucia, internada em Pornichet com problemas mentais, mas, da Suíça, continua travando esforços para que ela se junte à família.

1941 Em 10 de janeiro, é levado ao hospital Schwesternhaus von Roten Kreuz com fortes dores de estômago. Detectada uma úlcera duodenal perfurada, Joyce é operado no dia seguinte. Morre no dia 13, às 2h15, antes de completar 59 anos. A autópsia aponta úlcera perfurada e peritonite generalizada. No dia 15, é sepultado em Zurique em uma cova simples do cemitério Fluntern.

1948 O corpo de Yeats é repatriado para a Irlanda, o que leva Nora a pensar que o governo irlandês possa prestar a mesma homenagem a Joyce. Mas as relações de seu marido com a Irlanda católica ainda impedem esse gesto de reconciliação.

1951 Nora morre em Zurique em 10 de abril. É enterrada no Fluntern, mas não ao lado de Joyce.

1958 Marjorie Barkentin adapta para o teatro o episódio 15 de *Ulysses*, "Circe", com o título de *Ulysses in Nighttown*.

1966 Em 16 de junho, Bloomsday, é realizada a cerimônia de transferência dos corpos de Joyce e Nora para uma sepultura honorária no cemitério Fluntern, oferecida pela cidade de Zurique. Ao lado da sepultura é inaugurada a estátua de Joyce feita por Milton Hebald.

1970 *Exílios* estreia em Londres, no Mermaid Theatre, em 12 de novembro, com montagem de Harold Pinter. Essa montagem se tornará referência na história da peça.

1973 *Exílios* é encenada na Irlanda pela primeira vez, em 21 de fevereiro, no Peacock Theatre, teatro que integra o Abbey Theatre.

1976 Giorgio morre em 12 de junho na Alemanha.

1982 Lucia morre em 12 de dezembro em Northampton, na Inglaterra, no hospital St. Andrew, onde estava internada desde 1951. Está enterrada no cemitério Kingsthorpe, hoje local de comemoração do Bloomsday.

2020 Stephen, neto de Joyce, morre em 23 de janeiro na França.

Sugestões de leitura

BURGESS, Anthony. *Homem comum enfim: Uma introdução a James Joyce para o leitor comum*. Trad. de José Antonio Arantes. São Paulo: Companhia das Letras, 1994. [Apesar de seu título fazer referência a um personagem de *Finnegans Wake*, é uma introdução às obras de Joyce. Burgess foi um dos maiores admiradores do escritor.]

CONNER, Marc C. (Org). *The Poetry of James Joyce Reconsidered*. Gainesville: University Press of Florida, 2012. [Obra mais recente de revisão do valor da poesia de Joyce. Nove estudiosos reavaliam a produção do Joyce poeta e a importância de seus poemas no conjunto de sua obra.]

ELLMANN, Richard et al. *James Joyce*. Trad. de Lya Luft. Rio de Janeiro: Globo, 1989. [A mais importante biografia de Joyce. Embora nos últimos tempos o trabalho de Ellmann tenha sido reavaliado, essa biografia ainda é absolutamente indispensável aos estudiosos da vida e da obra de Joyce.]

____. *Ao longo do riocorrente*. Trad. de Denise Bottmann. São Paulo: Companhia das Letras, 1991. [Nesta seleção organizada postumamente, encontra-se um ensaio dedicado a *Exílios*, "Tornando-se exilados". No que soa como resposta a Hugh Kenner (cf. obra nestas Sugestões de leitura), Ellmann afirma que a peça de Joyce é melhor do que parece, apesar de ter fraquezas.]

HAUPTMANN, Gerhart. *Before Sunrise*. Org. de Jill Perkins. Trad. de James Joyce. San Marino (CA): The Huntington Library, 1978. [O manuscrito da tradução da peça de Hauptmann feita por Joyce fazia parte da coleção privada de John Hinsdale

364   EXÍLIOS E POEMAS

Thompson, pai de Perkins. Em 1974, a pesquisadora doou toda a coleção do pai para a Henry E. Huntington Library and Art Gallery em nome da "segurança, preservação e disponibilidade para os pesquisadores".]

JOYCE, James. *Música de câmara*. Trad. de Alípio Correia de Franca Neto. São Paulo: Iluminuras, 1998. [Edição bilíngue, ilustrada, acompanhada de notas e ensaio do tradutor.]

_____. *Po'mas, pechincha*. Trad. de Marcelo Tápia. São Paulo: Expressão; Timbre, 1986. [Provavelmente a primeira seleção de poemas de Joyce traduzida no Brasil, este pequeno livro traz os seguintes poemas: "Uma flor dada a minha filha", "Só", "Bahnhofstrasse" e "Ecce puer". Faz parte da Coleção Bagatela, cujo primeiro volume, publicado em edição *hors commerce*, saiu em uma caixa contendo também *Catulo: Poemas*; *Poesia Marcial*; e *Céu de outro lugar: Haikais*.]

_____. *Pomas, um tostão cada e outros poemas*. Trad. de Alípio Correia de Franca Neto. São Paulo: Iluminuras, 2001. [Edição bilíngue, ilustrada, acompanhada de notas e ensaio do tradutor.]

_____. *Exiles*. Org. de Keri Walsh. Oxford: Oxford University Press, 2021. [Edição mais recente da peça de Joyce em inglês. A introdução de Keri Walsh é instrutiva e abrangente, devendo ser lida por todos os interessados em estudar a peça. A edição traz notas, bibliografia selecionada, apêndices e uma história da composição e publicação da obra. Lamentavelmente, não traz as notas de Joyce nem os fragmentos de diálogos que se encontram na presente tradução.]

_____. *Exilados*. Trad. de Alípio Correia de Franca Neto. São Paulo: Iluminuras, 2003. [Primeira tradução completa de *Exiles* no Brasil. Edição bilíngue, ilustrada, acompanhada de notas e ensaio do tradutor e do poema de ocasião "Epílogo aos Espectros de Ibsen", de Joyce.]

_____. *Stephen herói*. Trad. de José Roberto O'Shea. São Paulo: Hedra, 2012. [Versão fragmentária de *Um retrato do artista quando jovem* (1916) publicada postumamente. Essa tentativa de romance, profundamente autobiográfica, revela ideias importantes do jovem Joyce sobre a poesia e o drama. A tradução de O'Shea é a única publicada no Brasil.]

SUGESTÕES DE LEITURA   365

JOYCE, James. *Œuvres*. 2v. Vários tradutores. Org. de Jacques
Aubert. Lonrai: Gallimard, 2006. [As notas de Aubert
para a edição francesa dos poemas e da peça de Joyce (v. 1)
estão entre as melhores. Elas em alguma medida chegaram
a orientar o trabalho de Richard Ellmann et al. (1991) e a
organização de *Poems and Exiles* feita por J. C. C. Mays
(1992).]

____. *Poems and Shorter Writings*. Org. de Richard Ellmann,
A. Walton Litz e John Whittier-Ferguson. Londres: Faber
and Faber, 1991. [Esta edição cobre também os poemas de
ocasião e os fragmentos da juventude publicados postuma-
mente. Tem excelentes textos de introdução e apresentação
das obras, mas não é tão rica na anotação. Os poemas apa-
recem junto com os "escritos curtos", uma decisão editorial
criticada por J. C. C. Mays.]

____. *Poems and Exiles*. Org. de J. C. C. Mays. Londres: Pen-
guin, 1992. [Como o neto do escritor, Stephen James Joy-
ce, não concordasse em autorizar a publicação de poemas
que àquela altura ainda se encontravam protegidos por
direitos autorais, o trabalho de Mays para a Penguin ficou
fortemente prejudicado no que diz respeito aos poemas de
ocasião e aos fragmentos da juventude. No entanto, esta
edição tem aparato crítico relevante e não deve deixar de
ser lida em razão desse desfalque. Nela, os poemas estão
acompanhados de *Exílios*, uma decisão crítica justificada
por Mays. Um alerta: o poema em latim que Mays acredi-
tava ser de Joyce logo provou ter outra autoria.]

KENNER, Hugh. *Joyce's Voices*. Londres: Dalkey Archive
Press, 2007. [No conhecido ensaio "O princípio do tio
Charles", Kenner, um dos maiores críticos da obra de Joy-
ce, reprova *Exílios* por teimar em não se assumir como
farsa. O ensaísta, porém, demonstra que a escrita da peça
foi um exercício de escrita importante durante a composi-
ção de *Ulysses*.]

SLOCUM, John J.; CAHOON, Herbert. *A Bibliography of James
Joyce: 1882-1941*. Londres: Rupert Hart-Davis, 1957. [Ori-
ginalmente publicado em 1953, este trabalho, realizado ao
longo de dez anos, consiste em um levantamento das obras
de Joyce até 1950. Descreve, por exemplo, os conteúdos e as

características físicas dos livros (cor, tipo de papel, paginação etc.). Embora tenha lacunas, como os autores mesmos reconhecem, o livro é até hoje uma fonte de consulta imprescindível.]

TINDALL, William York. *A Reader's Guide to James Joyce*. Londres: Thames and Hudson, 1971. [Publicado pela primeira vez em 1959, este livro é um guia da obra joyciana que aborda de forma introdutória, mas nem de longe superficial, os contos, os romances e a peça de Joyce, deixando de fora os poemas.]

VIZIOLI, Paulo. *James Joyce e sua obra literária*. São Paulo: EPU, 1991. [Introdução à obra de Joyce que vai dos poemas a *Finnegans Wake*, passando pelo drama. Livro que pode ser muito útil aos leitores de língua portuguesa interessados em uma visão panorâmica e introdutória da obra do escritor irlandês.]

LEIA MAIS PENGUIN-COMPANHIA
CLÁSSICOS

James Joyce

Ulysses

Tradução de
CAETANO WALDRIGUES GALINDO
Introdução de
DECLAN KIBERD
Coordenação editorial de
PAULO HENRIQUES BRITTO

Um homem sai de casa pela manhã, cumpre com as tarefas do dia e, pela noite, retorna ao lar. Foi em torno deste esqueleto enganosamente simples, quase banal, que James Joyce elaborou o que veio a ser o grande romance do século xx.

Inspirado na *Odisseia* de Homero, *Ulysses* é ambientado em Dublin, e narra as aventuras de Leopold Bloom e seu amigo Stephen Dedalus ao longo do dia 16 de junho de 1904. Tal como o Ulisses homérico, Bloom precisa superar numerosos obstáculos e tentações até retornar ao apartamento na rua Eccles, onde sua mulher Molly o espera. Para criar esse personagem rico e vibrante, Joyce misturou numerosos estilos e referências culturais, num caleidoscópio de vozes que tem desafiado gerações de leitores e estudiosos ao redor do mundo.

O romance é um divisor de águas pelo êxito de Joyce em esticar e moldar a língua inglesa ao limite, a fim de retirar disso um retrato fiel, divertido e comovente do que se convencionou chamar de o "homem moderno". Na nova tradução, Caetano Galindo captou "a imensa gama de cores, registros, estilos, recursos e efeitos" de sua prosa revolucionária.

WWW.PENGUINCOMPANHIA.COM.BR

Esta obra foi composta em Sabon por Raul Loureiro
e impressa em ofsete pela Geográfica sobre papel Pólen Soft
da Suzano S.A. para a Editora Schwarcz
em fevereiro de 2022

A marca FSC® é a garantia de que a madeira utilizada na fabricação do papel deste livro provém de florestas que foram gerenciadas de maneira ambientalmente correta, socialmente justa e economicamente viável, além de outras fontes de origem controlada.